# RELIGIÓ CATÒLICA

**4** ESO

# EL PROJECTE DE **RELIGIÓ CATÒLICA**

**4 ESO**

### LES SET UNITATS.
### ESTRUCTURA

Cada unitat és la resposta a una pregunta. Les pàgines inicials presenten l'itinerari que segueix la unitat.

### ANNEXOS FINALS

- Glossari de termes amb la seva definició.
- Biografies de personatges cèlebres.
- Textos citats en les activitats de les unitats.

### ECOLOGIA INTEGRAL

Proposta per a treballar alguns aspectes de l'encíclica *Laudato Si*.

### SET TROBADES
### DE JESÚS AMB DONES

Reflexions, imatges i activitats de contingut bíblic i experiencial a partir de set trobades de Jesús amb dones en l'Evangeli.

**edebé On**
projecte global interactiu

▶  **LLIBRE DIGITAL INTERACTIU**

Incorpora els **recursos digitals** necessaris (vídeos, activitats interactives, àudios, enllaços...) perquè el professorat gestioni eficaçment l'aprenentatge a l'**aula digital**.

## APARTATS

Els continguts es presenten en apartats d'una o dues pàgines que finalitzen amb una sèrie d'activitats competencials.

## MARIA ÉS...

Presentació de diverses qualitats de la Mare de Déu mitjançant el treball dels textos evangèlics i de la iconografia.

## APRÈN A...

Treball individual o cooperatiu de diversos procediments útils per a desenvolupar alguna competència.

## AVALUACIÓ COMPETENCIAL

A l'última pàgina de cada unitat, les activitats d'avaluació apunten a una o diverses competències.

## TESTIMONI

Es presenta l'experiència de fe i de compromís d'algun cristià o cristiana.

**RUTINA DE PENSAMENT**
Per a aprendre a pensar.

**MAPA MENTAL**
Exemple per a elaborar la síntesi pròpia de la unitat.

**INTERIORITAT**
Treball de la dimensió interior.

**RECURSOS MÚLTIPLES**
Relacionats amb els continguts.

Enllaços a internet

Música

Cinema

**TREBALL COOPERATIU**
Per a millorar la responsabilitat individual i les relacions socials.

**INTEL·LIGÈNCIES MÚLTIPLES**
Perquè hi ha maneres diferents d'aprendre i ser intel·ligent.

---

Disponible en el teu espai personal: **www.edebe.com**
Multidispositiu

 **BIBLIOTECA DE RECURSOS DIGITALS**

Un **espai** fàcilment **accessible** on trobareu recursos per a consultar, descobrir i explorar el coneixement.

# ÍNDEX

| PREGUNTES | UNITATS | RUTINES DE PENSAMENT |
|---|---|---|
| Com trobar el sentit de la vida? | **1. LES RELIGIONS SÓN PROPOSTES DE SENTIT** (pàg. 6-15) | Preguntes creatives |
| Com podem conèixer Déu? | **2. DÉU ES DÓNA A CONÈIXER EN LA HISTÒRIA** (pàg. 16-25) | CSI: Color, Símbol, Imatge |
| Com és l'aliança de Déu amb l'ésser humà? | **3. DÉU ÉS SEMPRE FIDEL A LES PERSONES** (pàg. 26-35) | Cercle de punts de vista |
| Quin sentit té el sofriment de Jesús? | **4. JESÚS ÉS EL SERVIDOR DE DÉU** (pàg. 36-43) | Veig - Penso - Em pregunto |
| A què crida Jesús? | **5. JESÚS CRIDA A COL·LABORAR EN LA SEVA MISSIÓ** (pàg. 44-51) | 3-2-1 Pont |
| Què significa viure com Jesús? | **6. SER CRISTIÀ ÉS VIURE EN PLENITUD** (pàg. 52-61) | Titular |
| Quina és la missió dels cristians en el món? | **7. L'ESGLÉSIA CONSTRUEIX LA CIVILITZACIÓ DE L'AMOR** (pàg. 62-71) | Principi, mig, final |

## ANNEXOS

GLOSSARI (pàg. 74-75) | SET TROBADES DE JESÚS AMB DONES (pàg. 78-86) | BIOGRAFIES (pàg. 88-90)
ECOLOGIA INTEGRAL (pàg. 92-97) | TEXTOS (pàg. 100-111)

## APARTATS

1. La nostra vida és plena d'interrogants
2. Les religions com a camí cap al sentit
3. Quina és la proposta de les religions monoteistes?

**TESTIMONI:**
Atrapats per Déu

---

1. La comunicació de Déu en les religions
2. Un Déu que es comunica
3. Jesús és la revelació definitiva de Déu

**MARIA ÉS...**
Verge Immaculada

---

1. El Déu de l'Aliança
2. Com és la fidelitat de Déu?
3. La fidelitat és viure en l'amor

**APRÈN A...**
Analitzar una paràbola

---

1. L'esperança messiànica
2. «Hem trobat el Messies»

**TESTIMONI:**
Pau en el dolor

---

1. La missió de Jesús
2. Seguidors de Jesús

**MARIA ÉS...**
Mare de la humanitat

---

1. La persona, un ésser en construcció
2. Una nova manera de viure
3. És important estimar bé

**APRÈN A...**
Analitzar un signe de Jesús

---

1. Jesús: l'autoritat com a servei
2. Servei i autoritat en l'Església
3. Els cristians construeixen la civilització de l'amor

**MARIA ÉS...**
Reina de l'Església

# 1

# LES RELIGIONS SÓN PROPOSTES DE SENTIT

**Com trobar el sentit de la vida?**

L'existència humana està marcada per la recerca de sentit. Tota la vida transcorre com una gran aventura en la qual el Misteri va marcant les etapes, amb trams lluminosos però també amb cruïlles on és difícil decidir.

Descobrir el sentit de la vida és una de les tasques més importants que la persona humana ha d'afrontar si vol assolir la felicitat. En aquest camí els creients no avancen sols, perquè tenen la confiança que Déu va amb ells.

Així, atents a aquest Déu que es descobreix mentre se'l busca, molts homes i dones, de diferents temps i cultures, han tingut una vida plena de sentit i de felicitat.

1. La nostra vida és plena d'interrogants
2. Les religions com a camins cap al sentit
3. Quina és la proposta de les religions monoteistes?

**TESTIMONI:** ATRAPATS PER DÉU

## RP

**RUTINA DE PENSAMENT**
PREGUNTES CREATIVES

- Observa amb atenció la fotografia en silenci durant 30 segons i escriu tres preguntes que et planteges davant la situació que hi apareix. Poden estar relacionades amb la procedència de les persones, amb l'activitat que estan fent, amb el lloc…
- Quan t'ho indiqui el professor, llegeix el títol d'aquesta unitat i llegeix també aquestes preguntes que has escrit. Selecciona les dues que més tenen a veure amb el títol.
- Finalment, poseu en comú les preguntes i la relació amb el títol per a iniciar un petit debat sobre el fet religiós.

# 1. LA NOSTRA VIDA ÉS PLENA D'INTERROGANTS

**PRIMAVERA, ESTIU, TARDOR, HIVERN... I PRIMAVERA**

Kim Ki-duk (2003)

http://links.edebe.com/5wfgqm

### FES + QUE VEURE...

- Després de veure el tràiler d'aquesta pel·lícula, digues quina religió creus que hi apareix. En què t'has fixat?
- Intenta relacionar una imatge del tràiler (o de la pel·lícula, si la pots veure) amb alguna de les preguntes importants sobre el sentit de la vida.

### Sabies que...

Segons el científic i filòsof musulmà **Averrois** (segle XII), els éssers humans es poden classificar en tres categories:
- *Científics*, els homes de la demostració.
- *Humanistes*, els homes de la dialèctica.
- *Espirituals*, els homes de l'exhortació.

» En determinades ocasions ens sorprenem a nosaltres mateixos amb interrogants que no tenen una resposta senzilla. Les persones ens fem preguntes importants que busquen una resposta.

## 1.1. ENS PLANTEGEM PREGUNTES IMPORTANTS

Qui no s'ha plantejat alguna vegada, davant una experiència vital especial o davant una emoció intensa, **preguntes importants** que posen en qüestió allò que som i allò que vivim?

Algunes d'aquestes preguntes poden ser:

- Quin és l'origen de la vida?
- Per a què serveix la meva vida?
- Quin sentit té viure?
- Per què sofrim?
- Per què he de morir?
- Hi ha vida després de la mort?
- Existeix Déu?

Les qüestions que neixen en el nostre **interior** i posen en dubte el **sentit** de la nostra existència són **preguntes transcendents.** No tenen una resposta en nosaltres mateixos i tampoc una resposta definitiva que puguem entendre només des de la raó. Són preguntes que avui ens fem nosaltres però que també s'han fet les persones d'altres èpoques.

## 1.2. NECESSITEM RESPOSTES

L'ésser humà necessita trobar respostes que satisfacin aquelles qüestions que considera vitals. Per a fer-ho recorre al coneixement que li ofereixen les **diverses disciplines.** La persona s'apropa a la biologia, a la física, a la psicologia, a la filosofia o a la teologia, entre d'altres, amb la pretensió de trobar-hi raons que l'ajudin a resoldre el misteri de l'existència humana.

De vegades, per a una mateixa qüestió troba **diferents respostes vàlides** des de més d'un camp del saber. Per exemple, quan es parla del començament de la vida, la **ciència** ofereix una resposta des de les dades empíriques i els coneixements de què disposa, mentre que la **religió** fa el mateix des de l'experiència religiosa i la fe. Les respostes que donen l'una i l'altra **no són incompatibles** entre elles, sinó que serveixen per a il·luminar la nostra comprensió de la complexitat de la vida humana.

L'objectiu d'aquesta recerca de respostes és **trobar sentit** a la nostra existència. Saber el perquè de les coses, el motiu pel qual s'esdevenen, o plantejar-nos el sentit de la nostra vida, cap a on anem i quina finalitat té la nostra existència són qüestions importants que hem d'intentar resoldre.

La **felicitat** no depèn tan sols de tenir satisfetes les necessitats i els desitjos, sinó que està determinada també pel **sentit** que donem a la nostra vida, per la **comprensió** que tinguem de nosaltres mateixos i dels esdeveniments que vivim.

8

## 1.3. LES RELIGIONS OFEREIXEN RESPOSTES

Des dels orígens de la humanitat, l'home i la dona s'han trobat davant de **misteris** tan quotidians com la vida i la mort o el bé i el mal. També des del començament han buscat una **resposta** a aquests fets que anaven més enllà del que podien veure i controlar.

Per mitjà de la **fe**, la persona intenta aproximar-se a fets sobrenaturals o inexplicables. El reconeixement de l'existència d'un **ésser superior**, que es revela i es dóna a conèixer, ofereix al creient elements que l'ajuden a donar resposta a alguns dels seus interrogants més profunds.

La fe és l'**actitud bàsica** de qui reconeix que la seva vida depèn d'algú més o d'alguna cosa més que ell mateix. Totes les persones posseeixen una **dimensió transcendent** que els possibilita, si així ho volen, la relació amb el diví. És una relació que la persona estableix **lliurement** i que està marcada per la **confiança**.

Totes les **religions** tenen uns **trets** que orienten la persona, com a individu, i la comunitat, com a grup, en aquesta **recerca de sentit:**

- Un sistema de **creences**, normalment recollit en uns textos sagrats, que expressa una determinada visió de la vida i de les qüestions transcendentals.
- Uns **ritus**, celebracions, litúrgies o festes, que ajuden a expressar la relació amb la divinitat i que la fan present.
- Un **comportament ètic**, d'acord amb els valors fonamentals de cada religió, que marca el compromís del creient amb la realitat en la qual viu.

> «Ens has fet, Senyor, per a tu, i el nostre cor està inquiet fins que descansi en tu».
>
> Sant Agustí

## ACTIVITATS

1. Reflexiona sobre les preguntes importants que es plantegen en la pàgina anterior:

   a) N'afegiries cap altra que t'hagis formulat en alguna ocasió? Quina?

   b) Completa la taula següent per a les cinc preguntes que consideris més importants.

   | Preguntes | Disciplines que poden donar-hi una resposta |
   |---|---|
   | ... | ... |

2. Consulta aquesta web:

   http://links.edebe.com/2rihsɔ

   a) Elabora una definició de *secularització*, *secularisme* i *increença*.

   b) Quina d'aquestes situacions creus que és la més habitual entre els joves?

   c) Quines conseqüències té aquesta situació per a la recerca de sentit?

3. **Treball cooperatiu:** En parelles, poseu en comú les preguntes que heu triat en l'activitat 1.

   a) Trieu aquelles per a les quals penseu que la religió pot oferir una resposta vàlida.

   b) Dialogueu sobre aquest assumpte: On busca la gent respostes a aquestes preguntes, en la religió o en altres llocs?

## 2. LES RELIGIONS COM A CAMINS CAP AL SENTIT

**RELIGIONS AL MÓN**

Pàgina web interactiva de la Fundació ATMAN que ofereix informació sobre la diversitat de religions al món.

http://links.edebe.com/yjp

**FES + QUE** NAVEGAR…

- Busca informació sobre aquestes religions: xintoisme, confucianisme, taoisme, jainisme i sikhisme, i digues on les situaries en l'esquema d'aquesta pàgina.

» Quan descobrim la quantitat i la diversitat de religions que existeixen, podem pensar que, en el fons, totes són iguals. Però si hi aprofundim, de seguida comprovem que les seves propostes de felicitat són diferents i els camins per a arribar-hi també.

### 2.1. LES RELIGIONS SÓN MOLT DIVERSES

En l'actualitat es calcula que al món existeixen unes **4 200 religions vives,** a les quals podem afegir una infinitat de religions ja desaparegudes. Aquesta dada ens permet constatar que les religions han tingut i tenen un **paper fonamental** en la història de la humanitat.

A l'hora d'estudiar les diverses religions cal tenir en compte quins **elements** les defineixen com a tals. Segons el teòleg Juan Martín Velasco, totes les religions:

- S'originen per una **revelació** de la realitat superior, sigui quin sigui el nom amb què se la designi: Déu, els déus, el diví… o, fins i tot, amb absència de tot nom.
- Estan orientades a procurar la **salvació.**
- Tenen una peculiaritat pròpia, derivada de l'**encarnació** històrica. Això significa que estan condicionades per les circumstàncies en què s'han originat i per les cultures on s'han desenvolupat.
- Tenen pretensió d'**universalitat.**

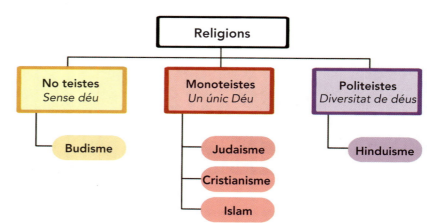

| Religió | Nre. de creients | % |
|---|---|---|
| Cristianisme | 2 173 180 000 | 31,51 |
| Islam | 1 598 510 000 | 23,18 |
| Judaisme | 13 850 000 | 0,20 |
| Hinduisme | 1 033 080 000 | 14,98 |
| Budisme | 487 540 000 | 7,07 |
| Altres | 463 230 000 | 6,72 |
| Sense religió | 1 126 500 000 | 16,34 |
|  | 6 895 890 000 | 100,00 |

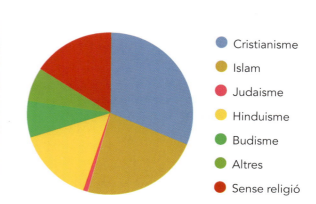

## 2.2. L'EXPERIÈNCIA RELIGIOSA OBRE AL SENTIT DE LA VIDA

Totes les religions ofereixen una **proposta** que ajuda el creient a descobrir el sentit de la vida.

Depenent del **concepte de salvació** que tinguin les religions, el camí pel qual s'ha d'avançar fins a trobar la felicitat serà un o un altre. En les **religions orientals** la salvació depèn del coneixement i l'esforç humà; així, per mitjà de la pregària i la meditació es va assolint la perfecció, la plenitud. Per contra, en les **religions monoteistes** la salvació és gràcia, és un regal de Déu, i la pregària consisteix en un diàleg amb Déu.

- En el **judaisme**, el sentit de la vida consisteix a viure eternament la pau i la justícia completa que portarà el Messies. La pràctica de la Llei (Torà) i de les seves normes permet assolir la plenitud del coneixement i el creixement espiritual.

- En el **cristianisme**, l'eix central és el manament de l'amor que va deixar Jesús:

> «Us dono un manament nou: que us estimeu els uns als altres tal com jo us he estimat. Així, doncs, estimeu-vos els uns als altres. Tothom coneixerà que sou deixebles meus per l'amor que us tindreu entre vosaltres».
>
> Jn 13,34-35

La plenitud del sentit de la vida s'aconsegueix estimant Déu i el proïsme. El lliurament als altres fa realitat el Regne de Déu ja en l'actualitat.

- En l'**islam**, la pràctica religiosa configura tota la vida del creient, tant en la seva dimensió espiritual com en la seva dimensió social. Els musulmans creuen que estan de pas en aquesta vida i que depenent de l'actuació que tinguin assoliran o no el Paradís.

### ESPIRITUALITAT I SENTIT DE LA VIDA

Entrevista a Francesc Torralba sobre la intel·ligència espiritual i el sentit de la vida.

http://links.edebe.com/zyujuq

### FES + QUE MIRAR…

- Què significa transcendir la realitat?
- És possible desenvolupar l'espiritualitat? Què es necessita?
- Quina relació hi ha entre felicitat i plenitud de sentit?

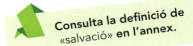

Consulta la definició de «salvació» en l'annex.

## ACTIVITATS

4. Elabora un esquema que sintetitzi l'enfocament que el judaisme, el cristianisme i l'islam donen al sentit de la vida.

5. Llegeix el discurs que Benet XVI va adreçar als joves de San Marino el 2011 sobre el sentit de la vida:

    http://links.edebe.com/n8kvd

    a) Resumeix tres idees que et semblin essencials.

    b) Tria'n una i converteix-la en un eslògan publicitari. El pots acompanyar amb una imatge.

6. Tria una de les preguntes importants que has plantejat en les activitats 1 i 3.

    a) Busca informació sobre quina resposta donen a aquesta qüestió tres religions diferents.

    b) Presenta als companys una síntesi dels resultats obtinguts.

7. Pensa en cinc accions que posin en pràctica el manament de l'amor donat per Jesús i que siguin un signe que el Regne de Déu ja és present en l'actualitat.

# 3. QUINA ÉS LA PROPOSTA DE LES RELIGIONS MONOTEISTES?

**RELIGIONS MONOTEISTES**

http://links.edebe.com/37t3

**FES + QUE** VEURE...

- En grups de tres, repartiu-vos el visionat de cadascun dels vídeos i després exposeu a la resta del grup allò que us hagi cridat l'atenció.
- Busqueu punts de contacte entre el que heu escoltat sobre cadascuna de les tres religions.

» L'Aliança de Déu amb Abraham marca un punt d'inflexió en la història religiosa de la humanitat. Per als seguidors d'Abraham, el Déu que es revela i es dóna a conèixer és un, el Creador. La història humana es converteix així en història de salvació.

## 3.1. UNA FE QUE TÉ SENTIT

El **judaisme** té el seu origen en **Abraham** i en **Moisès,** amb els quals Déu pacta una Aliança: ells seran el seu poble i Ell serà el seu Déu. La paraula revelada s'escriu en la *Torà* (recollida en el Pentateuc), que serà la base i la norma de vida del poble hebreu, i juntament amb els llibres *Neviïm* o Profètics i els llibres *Ketuvim* o Escrits, formarà la **Tanakh** o Bíblia hebrea.

El **cristianisme** té el seu fonament en l'encarnació de **Jesús** com a Fill de Déu. Jesucrist és la revelació definitiva de Déu, que ofereix la seva salvació a tota la humanitat. La **Bíblia** cristiana està formada per l'Antic Testament i el Nou Testament, dins del qual adquireixen una importància central els **Evangelis,** que recullen la vida i el missatge de Jesús, la Paraula feta home.

L'**islam** també reconeix els seus orígens remots en el profeta Abraham, però molt més endavant Al·là (el Déu únic) s'apareix en somnis a **Mahoma** i li revela la seva naturalesa divina i el seu pla per a la humanitat. A partir de l'any 632 es comencen a recollir per escrit aquestes revelacions, inicialment transmeses de manera oral, per a formar l'**Alcorà,** que regirà la vida de tot musulmà.

## 3.2. UNA VIDA COMPROMESA PELS ALTRES

Judaisme, cristianisme i islam tenen una norma bàsica i fonamental, que és la referència a un **comportament ètic** amb el proïsme.

Els **jueus** segueixen el codi de conducta format pels **Deu Manaments** que Déu va revelar a Moisès a la muntanya del Sinaí. I, a més, hi afegeixen les *Mitzvot*, que són 613 preceptes que concreten l'actuació correcta segons la Llei de Déu. Els jueus uneixen una profunda actitud d'adoració a Déu amb un fort sentit de fraternitat envers els altres.

La conducta ètica dels **cristians** està orientada també pel respecte als Deu Manaments, però, seguint l'exemple de Jesús, es fa un pas més enllà. Tota la llei es resumeix en l'**amor a Déu i al proïsme,** i es tracta d'un amor que perdona sempre i que està disposat a donar la vida pels altres.

En l'**islam,** la vida moral es basa a buscar i **practicar la bondat** i **eliminar el mal** de la societat. L'amor a Déu és tan important com l'amor al proïsme. El respecte a la família i l'ajuda als necessitats en forma d'almoina tenen un lloc destacat en la seva conducta.

LUDOVICO CARRACCI, *ABRAHAM I ELS TRES ÀNGELS* (1610).

Pere preguntà a Jesús:
—Senyor, quantes vegades hauré de perdonar al meu germà les ofenses que em faci? Set vegades?
Jesús li respon:
—No et dic set vegades, sinó setanta vegades set.

Mt 18,21-22

## 3.3. UNES CELEBRACIONS QUE PORTEN A DÉU

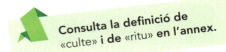

Consulta la definició de «culte» i de «ritu» en l'annex.

El **culte** és una de les obligacions dels seguidors d'una religió, però, sobretot, és una manera d'enfortir la **relació dels creients amb Déu** i d'**estrènyer els vincles d'unió** entre els membres de la comunitat de fe.

Els **ritus** i **celebracions** s'han anat creant i modificant en estreta relació amb les cultures en les quals la religió s'ha desenvolupat. Serveixen de punt de trobada, sovint amb adaptacions dels elements més externs, perquè els creients d'una mateixa religió puguin celebrar junts la seva fe sense que importi el lloc del món en què es trobin.

El culte es realitza en **recintes sagrats** erigits a aquest efecte: les **sinagogues** en el judaisme, les **esglésies** en el cristianisme i les **mesquites** en l'islam. Tots ells recullen elements artístics i arquitectònics que acompanyen i faciliten la litúrgia de les celebracions.

Els **principals ritus** jueus són el *Berit Milà*, o **circumcisió** dels homes, i la celebració del *sàbat* o **dissabte.** En el cristianisme els **sagraments**, especialment l'**Eucaristia**, són els ritus que acompanyen el creient en els diferents moments de la vida; el **diumenge** constitueix el dia principal de la setmana en record de la Resurrecció de Jesús. En l'islam es realitzen els **ritus diaris de pregària** i els ritus dels **pelegrinatges.**

### El nombre 7 en el judaisme

Com que per a la Bíblia el **nombre 7** indica **perfecció**, no és estrany trobar-lo en moltes enumeracions pròpies de la tradició religiosa jueva:

- 7 dies de la setmana, seguint els dies en què Déu va crear l'univers.
- 7 voltes a la ciutat de Jericó, després de les quals van caure les muralles i els israelites hi van poder entrar.
- 7 arcàngels de Déu.
- 7 braços de la *Menorà,* el canelobre litúrgic jueu.

## ACTIVITATS

**8.** Encara que judaisme, cristianisme i islam comparteixen la creença en un únic Déu, hi ha trets que els diferencien.

a) Elabora una taula comparativa com la següent:

|  | Ensenyament | Culte | Comportament |
|---|---|---|---|
| Judaisme | … | … | … |
| Cristianisme | … | … | … |
| Islam | … | … | … |

Pots ampliar la informació consultant la taula comparativa següent: http://links.edebe.com/q6v

b) Assenyala un aspecte important que el cristianisme comparteixi amb el judaisme i un altre que sigui diferent. Fes el mateix per al cristianisme i l'islam.

**9.** L'ajuda i l'amor al proïsme són presents en les tres religions monoteistes. Busca més informació sobre aquest tema en cadascuna de les tres religions i debat-la amb els companys.

**10.** Investiga i elabora una línia del temps en la qual apareguin els orígens de les tres religions monoteistes, els seus fundadors i el lloc on es van iniciar.

**11.** Llegeix Rm 12,9-21 i tria cinc normes de conducta que sant Pau recomana als cristians i que creus que són importants per a la convivència humana i podrien ser compartides pels creients d'altres religions.

## TESTIMONI

## ATRAPATS PER DÉU

Quan al teòleg Karl Rahner li van preguntar com s'imaginava el futur del cristianisme, va donar una resposta que en el seu temps va sorprendre força: «El cristià del segle XXI serà místic o no serà». A moltes persones els sembla que, a conseqüència dels canvis socials i fins i tot eclesials, aquest no és un temps per a la mística. Tanmateix, el testimoni de persones de tanta profunditat espiritual com Cristina Kaufmann ens revela que la mística pot ser una cosa molt actual.

### Cristina Kaufmann, a la recerca de l'essencial

El 1984, una entrevista televisiva en un programa de màxima audiència a una monja de clausura va causar sensació per la senzillesa i la profunditat amb què **Cristina Kaufmann**, aleshores priora del convent de les Carmelites Descalces de Mataró, tractava els temes més variats. Va ser aleshores quan el gran públic va descobrir que la vida de pregària pròpia d'un **convent carmelita** podia ser tan atractiva com per a fascinar una noia suïssa, molt culta, que va venir al nostre país per a conèixer millor santa Teresa de Jesús.

Per mitjà dels seus poemes, els seus llibres, els seus cursos i altres intervencions en els diversos mitjans, es pot conèixer una dona que va col·laborar decisivament en la **reforma de la vida monàstica femenina**, dotant-la de profunditat en la pregària, de fraternitat en les relacions comunitàries i d'**obertura a l'exterior**, ja que estava convençuda que el tresor espiritual que guarden les monges contemplatives ha de ser compartit amb totes les persones que s'hi apropen amb curiositat, per tal de ser escoltades i acollides.

Vegem com descrivia ella una **experiència** que va tenir quan era molt jove:

«De tot això se'n va desprendre aquesta experiència fonamental: veure a través de les coses. Percebre la realitat com a transparent. Crec que és un dels regals que he rebut de Déu. Recordo un dia de primavera, devia tenir 12 anys, era a classe d'alemany i vaig mirar cap al turó que limitava l'horitzó sobre el ponent de la petita ciutat, i de sobte vaig comprendre que tot el que veia era només una primera realitat: que en tot hi havia un missatge, una revelació que transcendia el que podien captar els meus ulls, i que la vida, la VIDA, s'obria dins meu i al meu voltant més enllà de les teulades, del bosc i del turó, més enllà dels núvols. No era, en principi, una experiència religiosa, però em va ajudar a comprendre que la fe, Déu, Jesús, l'Evangeli, tenien a veure amb la transparència de tot. Que les persones, igual que aquell instant davant la finestra de l'escola, estaven habitades per un misteri infinit; que es podia mirar a través seu fins a aquell lloc secret en el qual habita Déu, l'amor, allò bell i gran que ho omplia tot».

- Cerca en diversos diccionaris en paper i en línia definicions de la paraula *mística*, i elabora la teva pròpia definició.
- Rellegeix el text de Cristina Kaufmann. Creus que aquesta experiència que va tenir als 12 anys es pot considerar una experiència mística? Per què?
- Tria un dels místics medievals esmentats en aquesta pàgina, busca'n informació i extreu quina va ser la seva experiència de Déu.

### Místics de totes les religions

Històricament, la península Ibèrica ha estat terra de grans místics: segurament coneixes santa **Teresa de Jesús** i sant **Joan de la Creu**, les experiències de proximitat amb Déu dels quals van ser l'origen d'una obra poètica de gran qualitat.

Però, a més, si anem més enrere en el temps, durant l'Edat Mitjana, quan a la Península hi convivien les tres religions monoteistes, cadascuna disposava de grans místics, com el jueu **Avicebró**, que va viure a Màlaga i a Saragossa, el musulmà nascut a Múrcia **Ibn Arabí** o el cristià mallorquí **Ramon Llull**.

14

# SÍNTESI

- Per a resumir la unitat, traça el teu propi mapa mental. Aquí en tens un exemple que pots completar.

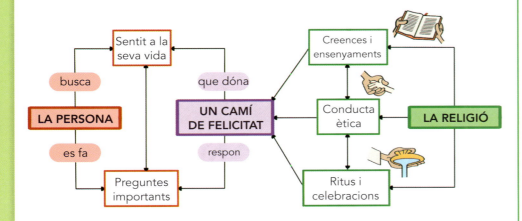

## AIXÍ VA DIR…
### … santa Teresa de Jesús
(1515-1582)

El alma que a Dios está toda rendida, y muy de veras del mundo desasida, la cruz le es «árbol de vida» y de consuelo, y un camino deleitoso para el cielo.

Vols saber-ne més sobre aquest personatge? (pàg. 88)

## AVALUACIÓ COMPETENCIAL

Per a demostrar el que heu après en aquesta unitat, prepararéu un debat imaginari davant de la classe sobre diversos trets que caracteritzen les principals religions monoteistes.

1. Formeu grups de tres i, primerament, repartiu-vos els camps de recerca. De cadascuna de les tres religions (judaisme, cristianisme i islam) heu d'investigar sobre aquests temes:

   a) Ensenyament: creences fonamentals, llibres sagrats, fundador i personatges importants.

   b) Comportament: ideals ètics, manaments i normes de moral individual i social.

   c) Culte: principals ritus, celebracions al llarg de l'any i celebracions al llarg de la vida.

   Podeu buscar informació en la unitat, en els enllaços que heu consultat i en altres fonts.

2. Compartiu amb el grup el resultat de les vostres recerques. Malgrat que cadascú serà expert en una de les religions, ha de tenir informació sobre les altres dues, per tal de poder preparar el debat.

3. Prepareu també un petit objecte simbòlic de cada religió a fi de posar-lo sobre la taula, i així poder identificar el representant de cada religió.

4. Comença el debat! Quan surti un grup de tres, el professor, després d'un ràpid sorteig, us dirà el tema del debat —ensenyament, comportament o culte— i quin dels tres representants —judaisme, cristianisme i islam— comença.

   a) El representant triat exposa, en primera persona del plural, durant un temps de 3 a 5 minuts, el que sap sobre el tema.

   b) A continuació, els altres dos membres del grup intervindran comentant el que ha exposat el primer des del punt de vista de la religió que representen: formularan preguntes demanant aclariments o buscant el sentit del que s'ha exposat, iniciaran comparacions amb el mateix tema en la religió que representen… Es tracta que aquestes intervencions iniciïn un diàleg respectuós i enriquidor (amb un màxim de 5 minuts més) entre els suposats representants de les tres religions.

5. Cada vegada que surti un dels grups de tres, se sortejarà el tema i quina religió comença.

# 2

# DÉU ES DÓNA A CONÈIXER EN LA HISTÒRIA

**Com podem conèixer Déu?**

Il·luminar allò que és fosc, resoldre un enigma, desxifrar un missatge secret... són reptes per a la raó humana. Però la felicitat de l'ésser humà no està lligada tan sols a resoldre els misteris als quals la raó pot accedir.

Per mitjà de la fe la persona accedeix al coneixement del misteri de Déu, aquell a qui els homes i les dones de tots els temps i cultures han intentat aproximar-se i conèixer. Déu és silenci, és misteri, és l'Altre, però Déu és també comunicació, és amor que engendra vida i és Paraula que es fa home.

La revelació de Déu recorre la història de la humanitat. Podem conèixer Déu perquè Ell té la iniciativa de donar-se a conèixer.

1. La comunicació de Déu en les religions
2. Un Déu que es comunica
3. Jesús és la revelació definitiva de Déu

**MARIA ÉS...** VERGE IMMACULADA

**RUTINA DE PENSAMENT**
CSI: COLOR, SÍMBOL, IMATGE

- Observa amb atenció la imatge durant 2 minuts i anota les idees que et suggereix.
- A continuació, tria les tres idees que et semblin més importants:
  — A la primera idea, associa-hi un color.
  — A la segona, un símbol que en capti l'essència.
  — I a la tercera, una imatge.
- Comparteix les teves propostes amb els companys i digues per què has triat un determinat color, símbol i imatge. Heu coincidit en alguna proposta?

# 1. LA COMUNICACIÓ DE DÉU EN LES RELIGIONS

**MANTRA BUDISTA**
«Om mani padme hum»
http://links.edebe.com/nv2

» La persona no tan sols busca trobar un sentit a la pròpia existència, sinó que en la seva dimensió més profunda intenta conèixer i comprendre el misteri de Déu.

**FES + QUE** ESCOLTAR...
- Escolta aquest bell mantra budista mentre intentes relaxar el cos i la ment.
- En acabar, escriu tres paraules que expressin l'experiència que has viscut i comparteix-les amb un company o companya.

## 1.1. LA REVELACIÓ EN LES RELIGIONS

Encara que el concepte de **revelació** té unes arrels essencialment judeocristianes, en efectuar un estudi comparatiu de les religions, la revelació de la divinitat es considera un element fonamental en la majoria de religions.

El terme *revelació* aplicat a les religions no cristianes s'utilitza per a referir-se a un **fet religiós** que manifesta d'alguna manera la **voluntat divina** i que constitueix l'**origen** d'aquesta religió o és la base del seu missatge espiritual, de la seva doctrina i del seu culte.

De tota manera, cal ser conscients que, de vegades, quan es parla de revelació referint-se a altres religions, s'utilitza una perspectiva cristiana que pot no correspondre a la religió en qüestió.

## 1.2. SENSE REVELACIÓ DIVINA

Per al **budisme,** el que és essencial no és la revelació divina sinó la iniciativa religiosa individual. És l'esforç d'**introspecció personal** i el camí espiritual realitzat per **Buda** el que condueix a la il·luminació interior. Així, doncs, aquesta religió no neix ni es basa en una revelació.

Tanmateix, en el budisme es pot parlar de revelació per a expressar les **possibilitats de la ment humana** o la interpretació correcta de la realitat mitjançant l'observació d'una mirada sàvia.

Les revelacions místiques del budisme tibetà són els **tresors de coneixement** amagats pels budes i que han de ser descoberts per mestres espirituals que posseeixen la capacitat de veure'ls. També alguns monjos budistes parlen de visions reveladores per a transmetre una combinació de **pensament filosòfic i religiós** que ells diuen que han adquirit mitjançant somnis i aparicions.

**ACTIVITATS**

1. Per què creus que el budisme és considerat per alguns com una filosofia de vida més que no pas com una religió? Justifica la resposta.

2. Busca informació sobre altres moviments religiosos que posen el seu fonament en l'esforç d'introspecció personal i anota'n les característiques.

— Quins aspectes positius tenen? Quins aspectes creus que poden resultar problemàtics?

## 1.3. UN DÉU QUE ES DEIXA CONÈIXER

L'origen de l'**hinduisme** es troba en uns llegendaris *vedes* o savis inspirats, d'antiguitat immemorial, els quals haurien memoritzat la paraula divina després d'haver-la escoltat en el seu interior. Aquesta saviesa perenne es va transmetre durant molts segles mitjançant la tradició oral.

Així, els **llibres vèdics** es consideren textos que existeixen eternament, que existien fins i tot abans de ser coneguts. No han estat creats ni per déus ni per homes. Expressen el *dharma* o llei universal de la natura, i recullen el **descobriment gradual** de veritats al voltant de la divinitat i de l'ésser humà.

En els *Upanishad*, que són els més de 200 llibres sagrats dels hinduistes, el fonamental no és la paraula escrita sinó la **paraula escoltada i rebuda** per tradició, de manera ininterrompuda durant segles, de *guru* o mestre a deixeble. Aquestes paraules són vertaderes i infal·libles i diuen als humans com han d'actuar. Les **paraules revelades** tenen un significat en elles mateixes i no depenen d'interpretacions humanes.

En l'hinduisme la revelació divina es considera una cosa **dinàmica:** hi ha un grup de textos immutables, que són els *Vedes*, però hi ha una obertura a incorporar-hi en el present textos nous.

### COSMOLOGIA I HINDUISME

Els orígens de l'Univers segons la perspectiva hinduista.

http://links.edebe.com/xca9n

### FES + QUE MIRAR...

- Tria una de les frases que s'enuncien en la segona part (a partir del minut 16). Creus que pot ser valuosa per a altres religions? Per a quines?

## 1.4. UN DÉU QUE PARLA AL SEU PROFETA

L'**islam** es considera a si mateix una religió revelada. Per a la fe musulmana, *Alcorà* i *veu de Déu* són sinònims. L'Alcorà imprès recull la paraula divina que va rebre el profeta **Mahoma** i que aquest va transmetre de manera oral als seus seguidors, però l'**Alcorà** en si mateix (la «veu de Déu») és considerat com una cosa increada.

Per a referir-se als versets de l'Alcorà, els musulmans utilitzen l'expressió «Déu va dir», remarcant així l'origen d'aquestes paraules. La revelació conté per a ells **orientacions bàsiques** sobre la vida terrenal, juntament amb advertiments severs sobre el judici final i el més enllà.

**Mahoma** és considerat com el **receptor dels missatges divins** amb la mediació de l'arcàngel Gabriel. La fe islàmica considera que les revelacions anteriors (com les de Moisès i Jesús) han arribat a la seva plenitud en aquesta revelació, ja que el profeta Mahoma coneix **directament de Déu** la seva voluntat misteriosa i la llei divina.

## ACTIVITATS

**3.** Enumera les semblances i les diferències que existeixen entre la revelació que reconeixen els hinduistes i la que reconeixen els musulmans.

**4.** Completa la taula següent:

| Religió | Reconeixen una revelació divina? | Com és? |
|---|---|---|
| Budisme | ... | ... |
| Hinduisme | ... | ... |
| Islam | ... | ... |

**5.** Busca informació sobre la importància que donen a la revelació les altres religions tractades en la unitat 1.

— Completa la taula de l'exercici 4 amb la informació obtinguda.

**6. Treball cooperatiu:** En parelles, busqueu informació sobre què és un mandala.

a) Esbrineu com es construeix i quins símbols i colors s'hi utilitzen.

b) Dibuixeu un mandala que expressi què és la felicitat per a vosaltres.

— Presenteu el vostre mandala a la resta de la classe.

## 2. UN DÉU QUE ES COMUNICA

### Sabies que...

En tot l'Antic Testament la paraula hebrea *panim*, que significa 'rostre', apareix 400 vegades i en 100 d'aquestes vegades és per a referir-se a Déu.

La **història d'Israel** és, doncs, la història del poble al qual **Déu mostra el seu rostre.**

» El cor de la persona, en el seu ésser més profund, anhela i busca Déu. Conèixer aquest misteri insondable d'amor significa llegir la història a la llum de la fe i descobrir-hi que Déu ha estat sempre comunicant-se i mostrant a la humanitat camins de felicitat.

### 2.1. LA COMUNICACIÓ DEL MISTERI DE DÉU

El terme **revelació** procedeix del grec *apokalyptein*, que significa 'treure el vel', 'fer manifest'. La teologia cristiana defineix la revelació com la **comunicació** d'una veritat per part de Déu a una persona. En essència, el concepte de **revelació** designa la comunicació directa de Déu amb l'ésser humà. És l'acte lliure i gratuït pel qual Déu comunica el seu misteri a la humanitat.

### 2.2. LA REVELACIÓ EN LA TRADICIÓ JUDEOCRISTIANA

En l'Antic Testament trobem l'expressió «paraula de Jahvè» per a referir-se a la revelació de Déu. Segons la concepció jueva, és impossible veure Déu, però no pas escoltar-ne la veu. En el Nou Testament la referència en parlar de revelació sempre és Jesús, que dóna a conèixer el Pare per la força de l'Esperit.

Si fem un recorregut per les fases de la revelació de Déu a la humanitat, podem distingir diferents **expressions de la revelació** divina:

- **Revelació còsmica.** L'acte creatiu de Déu revela un Déu que estima i crea la vida. Déu trenca per primera vegada el seu silenci amb la Creació.

- **Revelació històrica.** La història d'Israel s'inicia amb la crida a Abraham i la promesa d'una terra i d'un poble, i té la seva confirmació en la Llei que Déu lliura a Moisès i en l'establiment del poble a la terra promesa. La història d'Israel és història de salvació, perquè en tots els esdeveniments que viu el poble Déu es dóna a conèixer.

- **Revelació profètica.** La revelació de Déu té lloc per mitjà dels profetes, persones del poble que, mitjançant oracles o signes profètics, expressen la paraula de Déu. Escoltar o rebutjar aquesta paraula profètica és el mateix que acceptar o rebutjar Déu.

- **Revelació cristològica.** La revelació definitiva i completa de Déu es realitza en Jesús de Natzaret. La Paraula de Déu i el seu misteri d'amor són anunciats a tota la humanitat en la persona de Jesús. Amb l'encarnació de Jesús, Déu manifesta que és Pare, Fill i Esperit.

> A Déu, ningú no l'ha vist mai: el seu Fill únic, que és Déu i està en el si del Pare, és qui l'ha revelat.
>
> Jn 1,18

> D'ençà que el món va ser creat, el poder etern de Déu i la seva divinitat, que són invisibles, s'han fet visibles a la intel·ligència a través de les coses creades.
>
> Rm 1,20

> Això us diu el Senyor de l'univers, el Déu d'Israel: «Seguiu el bon camí, milloreu la vostra conducta, i us deixaré habitar en aquest lloc».
>
> Jr 7,3

> «Mantindré la meva aliança entre jo i tu, i amb les generacions que et succeiran. Serà una aliança perpètua: seré el teu Déu i el de la teva descendència».
>
> Gn 17,7

M. CHAGALL, *MOISÈS DAVANT LA BARDISSA ARDENT* (1966).

## DÉU ES REVELA A MOISÈS I ELIES

En tot l'Antic Testament **Déu es va revelant** al seu poble. Però hi sobresurten uns personatges als quals Déu s'ha donat a conèixer **cara a cara** i de manera **personal**.

### Moisès

**Moisès**, que esdevindrà l'alliberador del poble d'Israel, va tenir una experiència de joventut que el va marcar per sempre: la famosa escena de **la bardissa ardent** a la muntanya de l'**Horeb**. Moisès **havia fugit** d'Egipte per **por** i havia decidit dedicar-se al pasturatge al **desert** del Sinaí, lluny del seu poble esclavitzat. Però allà, una visió li va cridar l'atenció.

> Allí se li va aparèixer l'àngel del Senyor en una flama enmig d'una bardissa. Moisès va mirar i veié que la bardissa cremava però no es consumia. I es va dir: «M'atansaré a contemplar aquest espectacle extraordinari: què ho fa que la bardissa no es consumeixi?». Quan el Senyor va veure que Moisès s'atansava, el cridà de la bardissa estant: «Moisès, Moisès!». Ell respongué: «Sóc aquí». Déu li digué: «No t'acostis. Treu-te les sandàlies, que el lloc que trepitges és sagrat. Jo sóc el Déu del teu pare, el Déu d'Abraham, el Déu d'Isaac i el Déu de Jacob». Moisès es va tapar la cara perquè tenia por de mirar Déu. El Senyor li digué: «He vist l'opressió del meu poble a Egipte i he sentit com clama per culpa dels seus explotadors. Conec els seus sofriments. [...] T'envio al faraó; vés-hi i fes sortir d'Egipte el meu poble».
>
> Ex 3,2-7.10

### Elies

Segles després, el **profeta Elies** decideix deixar de fer de profeta i també **fuig** al **desert** per **por** de perdre la vida, fins que arriba a la muntanya de l'**Horeb**. Allà, després d'un llarg dejuni, escolta la **veu de Déu**, que l'anima a **buscar-lo** en les coses més **senzilles** de la natura i a seguir profetitzant sense por.

> El Senyor li digué: «Surt i estigues dret davant meu dalt la muntanya, que hi passaré jo, el Senyor». Aleshores s'aixecà un vent huracanat i violent que esberlava les muntanyes i esmicolava les roques, però en aquell vent el Senyor no hi era. Després del vent va venir un terratrèmol, però el Senyor tampoc no era en el terratrèmol. Després del terratrèmol va arribar foc, però el Senyor tampoc no era en aquell foc. Després del foc es va alçar el murmuri d'un ventijol suau. En sentir-lo, Elies es tapà la cara amb el mantell, va sortir de la cova i es quedà dret a l'entrada. Llavors una veu li digué: «Què hi fas, aquí, Elies?». Ell va respondre: «Estic encès de zel per tu, Senyor, Déu de l'univers».
>
> 1Re 19,11-14a

## ACTIVITATS

**7.** Completa amb les citacions de la pàgina anterior:

| Revelació | Citació |
| --- | --- |
| Còsmica | ... |
| Històrica | ... |
| Profètica | ... |
| Cristològica | ... |

**8.** Dedueix de les revelacions de Déu a Moisès i a Elies alguns trets de Déu segons l'Antic Testament.

**9.** **Treball cooperatiu:** En grups de quatre, a partir dels continguts presentats en els apartats 1 i 2 d'aquesta unitat, prepareu un diàleg sobre la revelació. Aquestes qüestions us poden ajudar:

a) Es pot identificar la revelació amb la religió? Quines diferències existeixen entre una realitat i l'altra?

b) En què es diferencia la revelació judeocristiana de la revelació que reconeixen altres religions?

## 3. JESÚS ÉS LA REVELACIÓ DEFINITIVA DE DÉU

» El designi amorós de Déu arriba a la seva plenitud en l'encarnació de Jesús. El Fill fet home és la Paraula definitiva de Déu a la humanitat. Déu és amor i l'amor és el camí cap a Déu, cap a la felicitat.

### 3.1. LA REVELACIÓ ÉS EL FONAMENT DE LA FE CRISTIANA

Segons el cristianisme, Déu no tan sols es comunica a si mateix, sinó que, en revelar-se en la persona de Jesús, Déu comunica el seu **projecte de salvació a la humanitat**.

Déu, en revelar-se a si mateix en la naturalesa humana, també està **revelant a l'ésser humà la seva pròpia condició** com a persona. La revelació és una invitació de Déu a la persona perquè superi la condició humana del pecat i s'obri a la plenitud de la vida i la felicitat.

Per mitjà de la **fe,** la revelació introdueix en l'existència humana un horitzó de **sentit** que permet que la **raó** conegui i intenti comprendre el misteri infinit de Déu. Per això diem que la revelació de Déu en Jesús és el fonament de la fe cristiana.

### 3.2. JESUCRIST, MITJANCER I PLENITUD DE TOTA REVELACIÓ

En Jesús, Déu parla a tota la humanitat d'una manera definitiva i **revela el seu misteri d'amor** als homes i les dones de tots els temps i cultures.

Així, **Jesús,** amb la seva vida i el seu missatge, és qui **dóna a conèixer Déu Pare** i revela el seu rostre veritable. El fet que Déu s'hagi fet home en Jesús obre la porta d'accés a la **trobada de la persona amb Déu**.

---

**L'ÚLTIM SOPAR**
Salvador Dalí
http://links.edebe.com/exft4

**FES + QUE VEURE...**
- Què hi trobes d'especial, en aquest Últim Sopar? Intenta donar una explicació d'algunes de les peculiaritats del quadre.
- Busca com està representada la Trinitat en el quadre.

**DEI VERBUM**
Constitució Dogmàtica sobre la Revelació Divina
http://links.edebe.com/8sa9

**Sabies que...**

**Apocalipsi**
- Significa 'revelació', l'acte de treure el vel per a mostrar allò que està amagat.
- És l'últim llibre de la Bíblia, escrit a finals del segle I pel «profeta» Joan per a animar els cristians perseguits a mantenir-se fidels a Crist.

---

Va plaure a Déu, en la seva bondat i saviesa, revelar-se ell mateix i fer conèixer el misteri de la seva voluntat, per mitjà del qual els homes tenen accés al Pare pel Crist, Verb encarnat, en l'Esperit Sant i participen de la naturalesa divina. Per això, mitjançant aquesta revelació, Déu invisible, mogut pel seu gran amor, parla als homes com a amics i conviu amb ells, per tal d'invitar-los i acollir-los a la seva companyia. Aquesta economia de la revelació es realitza amb fets i amb paraules íntimament connexos entre ells, de manera que les obres acomplertes per Déu en la història de la salvació manifesten i confirmen la doctrina i les realitats significades per les paraules, i les paraules proclamen les obres i il·luminen el designi diví que contenen. I, per mitjà d'aquesta revelació, l'íntima veritat sobre Déu i sobre la salvació humana resplendeix en nosaltres gràcies a Crist, el qual és alhora mitjancer i plenitud de tota la revelació.

CONCILI VATICÀ II, *DEI VERBUM*, 2

# DÉU ES REVELA AL «DEIXEBLE ESTIMAT»

En l'**Evangeli de Joan** apareix diverses vegades, justament en els moments clau, un personatge una mica misteriós, ja que mai no hi apareix amb el seu nom, sinó amb el de **«deixeble estimat»**.

La tradició cristiana sempre ha identificat aquest «deixeble estimat» amb l'**apòstol Joan,** germà de Jaume i deixeble molt proper a Jesús que, a més, seria l'autor d'aquest mateix quart Evangeli. És una identificació no acceptada per tothom, però, més enllà d'aquesta dada, ens podem fixar en aquestes **escenes de proximitat entre Jesús i aquest deixeble** per a aprofundir en la manera que té Déu de revelar-se definitivament en el seu Fill i veure quins trets té un bon seguidor de Jesús.

## El «deixeble estimat» en l'Últim Sopar

> Jesús es contorbà i afirmà: «Us ben asseguro que un de vosaltres m'ha de trair». Els deixebles es miraven els uns als altres, perquè no sabien de qui ho deia.
>
> Un dels deixebles, el qui Jesús estimava, era a taula al costat d'ell. Simó Pere li fa senyes perquè li pregunti de qui parla. Ell es reclina sobre el pit de Jesús i li diu: «Senyor, qui és?».
>
> Jn 13,21b-25

En l'**Últim Sopar,** fins i tot en els moments de gran tensió emocional, el «deixeble estimat» apareix com aquell qui té un grau molt alt de **familiaritat i confiança amb Jesús,** fins al punt que intercanvien confidències. En el fons, aquest tipus de relació de tanta confiança entre Jesús i el «deixeble estimat» reprodueix la **relació entre Déu Pare i Jesús,** el seu Fill estimat.

## El «deixeble estimat» al peu de la creu

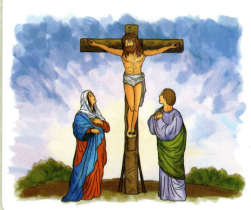

> Vora la creu de Jesús hi havia la seva mare i la germana de la seva mare, Maria, muller de Cleofàs, i Maria Magdalena. Quan Jesús veié la seva mare i, al costat d'ella, el deixeble que ell estimava, digué a la mare: «Dona, aquí tens el teu fill». Després digué al deixeble: «Aquí tens la teva mare». I d'aleshores ençà el deixeble la va acollir a casa seva.
>
> Jn 19,25-27

Al **Calvari,** quan, per por, gairebé tots els apòstols han abandonat Jesús, només romanen al seu costat algunes dones, la seva mare i el «deixeble que ell estimava». El bon deixeble de Jesús és qui **roman al costat de la creu de Jesús** i qui **acull Maria com a mare,** ja que ella és també mare de l'Església.

## ACTIVITATS

**10.** A partir de l'article 2 de la constitució *Dei Verbum*, elabora un esquema en el qual apareguin almenys els elements següents: Déu, Jesucrist, Esperit, revelació, salvació, plenitud i amor.

**11.** Després de llegir el text de Jn 14,1-14, que pertany al discurs de comiat de Jesús, respon:

a) Què desitja saber Tomàs? Què li respon Jesús?

b) Què desitja veure Felip? Quina és la resposta de Jesús?

c) Quina relació existeix entre Jesús i el Pare?

**12.** Llegeix el text de Jn 20,1-10, en què es narra una escena del matí del diumenge de Resurrecció, i respon:

a) Qui és el primer deixeble que creu en la Resurrecció de Jesús? Resumeix en una frase les seves actituds en aquesta escena.

b) Segons aquest text, penses que el «deixeble estimat» necessita proves per a creure? I Pere? Justifica la resposta.

# MARIA ÉS... VERGE IMMACULADA

» Maria és la dona de cor pur i net que va acollir en el seu si el Fill de Déu.

Maria és la dona del «sí» incondicional a Déu. És model de fe per als cristians i, per això, al llarg dels segles ha estat invocada i venerada amb diferents noms que destaquen els nombrosos dons de l'única Mare de Déu.

La *Immaculada per al jove 2015* és una pintura digital, realitzada per Isabel Guerra, que representa Maria Immaculada actualitzada amb tots els seus símbols. Amb ella l'autora ha volgut expressar els valors que aporta Maria als joves d'avui: mirada neta, transcendent i esperançada.

La *Verge que desfà els nusos* és una icona d'estil barroc pintada al voltant de 1700 per J. Schmidttner. Es troba a Augsburg (Alemanya). Amb aquesta advocació, els fidels preguen a la Mare de Déu per a resoldre dificultats i desfer els nusos que impedeixen que les persones s'uneixin amb Déu.

http://links.edebe.com/gnfi

http://links.edebe.com/zdem4k

«Déu vos salve, Maria, plena de gràcia; el Senyor és amb Vós»

EL PAPA FRANCESC PRESENTA MARIA
http://links.edebe.com/ixbgq8

- Identifica els elements simbòlics que apareixen en les imatges a partir d'aquestes citacions:

    «Posaré enemistat entre tu [la serp] i la dona, entre el teu llinatge i el seu. Ell t'atacarà al cap i tu l'atacaràs al taló».
    Gn 3,15

    Llavors aparegué al cel un gran senyal prodigiós: una dona que tenia el sol per vestit, amb la lluna sota els peus, i duia al cap una corona de dotze estrelles.
    Ap 12,1

- Busca altres imatges artístiques de Maria Immaculada.
- Analitza la pregària completa de l'*Avemaria* que trobaràs en l'annex i distingeix-ne les dues parts. A quin dos textos bíblics fa referència la primera part?
- Llegeix el text de Lc 1,26-38 i resumeix amb una o dues paraules quina és l'actitud de Maria davant cadascuna de les intervencions de l'àngel.

El sisè mes, Déu envià l'àngel Gabriel en un poble de Galilea anomenat Natzaret, a una noia verge, unida per acord matrimonial amb un home que es deia Josep i descendia de David. La noia es deia Maria. L'àngel entrà a trobar-la i li digué: «Déu te guard, plena de la gràcia del Senyor! Ell és amb tu».
Lc 1,26-28

# SÍNTESI

- Per a resumir la unitat, traça el teu propi mapa mental. Aquí en tens un exemple que pots completar.

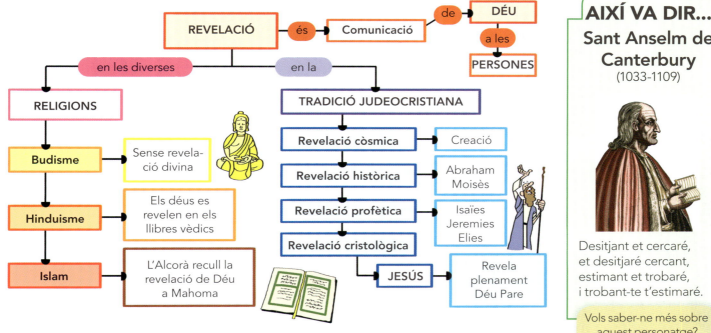

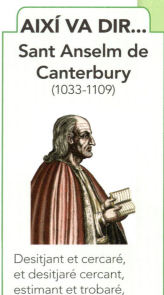

## AIXÍ VA DIR...
### Sant Anselm de Canterbury
(1033-1109)

Desitjant et cercaré,
et desitjaré cercant,
estimant et trobaré,
i trobant-te t'estimaré.

Vols saber-ne més sobre aquest personatge? (Pàg. 88)

## AVALUACIÓ COMPETENCIAL

Et proposem com a avaluació d'aquesta unitat una activitat d'expressió per mitjà de la imatge, de la mateixa manera que tantes vegades els éssers humans han utilitzat l'art per a expressar els seus pensaments i emocions més profunds.

1. Prenent com a referència els continguts i activitats de la unitat, elabora amb els teus propis mitjans imatges —o busca-les a internet si creus que així et sortirà millor— que puguin simbolitzar com és la revelació divina en el budisme, l'hinduisme, l'islam i el cristianisme. Poden ser imatges figuratives o abstractes.

   — Escriu després la raó per la qual aquestes imatges representen per a tu les diferents concepcions de revelació de cadascuna d'aquestes religions.

2. A continuació, centra't en la imatge que hagis creat o escollit per a la revelació en el cristianisme.

   — Enregistra un petit vídeo, amb la teva veu en *off* i amb la imatge triada com a fons, en el qual justifiquis les diferències entre la revelació cristiana i la revelació en les altres religions i per què podem dir que la revelació de Déu en Jesucrist és «la plenitud de l'experiència religiosa».

25

# 3

# DÉU ÉS SEMPRE FIDEL A LES PERSONES

**Com és l'aliança de Déu amb l'ésser humà?**

Podem pensar que l'aliança que Déu ha fet amb la humanitat s'assembla al pacte que poden fer dues persones entre elles. Però la història del poble d'Israel ens demostra que no és així.

Déu ha establert des de sempre una aliança amb els homes i les dones, una relació d'amor i llibertat. Han estat molts els esdeveniments per mitjà dels quals Déu ha demostrat que el seu amor per l'ésser humà és per sempre.

En els llibres de l'Antic Testament, hi trobem personatges que es mouen per l'egoisme, la violència, l'afany de poder, la desconfiança i, fins i tot, el culte a altres déus. Però és enmig d'aquesta realitat que Déu renova el seu perdó i la seva misericòrdia. Perquè Déu estima sempre.

1. El Déu de l'Aliança
2. Com és la fidelitat de Déu?
3. La fidelitat és viure en l'amor

**APRÈN A...** ANALITZAR UNA PARÀBOLA

**RUTINA DE PENSAMENT**
CERCLE DE PUNTS DE VISTA

- Observa amb atenció la fotografia en silenci durant 30 segons.
- Tria un dels personatges i, des del seu punt de vista, descriu què hi succeeix i expressa què sents i què penses en aquest moment.
- Reuneix-te amb els companys que han triat el mateix personatge que tu i poseu en comú les vostres narracions a fi d'adonar-vos que una mateixa imatge es pot percebre de maneres diferents.
- En acabar l'activitat, digues com ha canviat la teva manera d'observar la imatge.

## 1. EL DÉU DE L'ALIANÇA

### EN L'ORIGEN, UNA PROMESA

MARC CHAGALL, *EXPULSIÓ DEL PARADÍS*.

Déu va crear l'home a imatge seva, el va crear a imatge de Déu, creà l'home i la dona.
Déu els beneí dient-los:
—Sigueu fecunds i multipliqueu-vos, ompliu la terra i domineu-la; sotmeteu els peixos del mar, els ocells del cel i totes les bestioles que s'arrosseguen per terra.

Gn 1,27-28

**Una benedicció en els inicis**

### VAL LA PENA COMENÇAR DE NOU

MARC CHAGALL, *NOÈ I L'ARC DE SANT MARTÍ*.

Després Déu va dir a Noè i als seus fills:
—Mireu, jo faig la meva aliança amb vosaltres, amb els vostres descendents i amb tots els éssers vius que us envolten: els ocells, els animals ferèstecs i domèstics que han sortit de l'arca, en una paraula, amb tots els éssers vius de la terra. Faig amb vosaltres aquesta aliança: les aigües del diluvi no tornaran mai més a exterminar ningú, cap més diluvi no devastarà la terra.

Gn 9,8-11

**L'aliança amb Noè i la seva família**

### UNA DESCENDÈNCIA I UNA TERRA

MARC CHAGALL, *ABRAHAM I ELS TRES ÀNGELS*.

Abram es va prosternar amb el front a terra, i Déu li digué: «Mira, aquesta és la meva aliança entre jo i tu: seràs pare d'una multitud de pobles. Et faré molt i molt fecund; els teus descendents formaran diverses nacions, i de tu sortiran reis. Mantindré la meva aliança entre jo i tu, i amb les generacions que et succeiran. Serà una aliança perpètua: jo seré el teu Déu i el Déu de la teva descendència. A tu i als teus descendents, us donaré tot el país de Canaan, on ara vius com a immigrant. Serà possessió d'ells per sempre; i jo seré el seu Déu».

Gn 17,3-4.6-8

**L'aliança amb Abraham i els seus descendents**

### Sabies que...

La paraula hebrea *sheba*, que significa **'set'**, també és un verb que significa 'jurar una aliança'.
Així, fer una **aliança** significa literalment 'fer-se set'.
El set és el nombre inequívoc d'una aliança.

» En l'esquema superior pots observar com, en la història del poble d'Israel, Déu es dóna a conèixer i segella un pacte amb la humanitat per mitjà de diferents esdeveniments i persones.

### 1.1. UN DÉU QUE ESTIMA LA HUMANITAT

En recordar com es revela Déu en l'Antic Testament descobrim un Déu que **crea** el món per amor i que és **fidel** a l'home i a la dona, fins i tot quan aquests se separen d'Ell a causa del pecat.

Amb Noè s'inaugura l'**aliança** de Déu amb la humanitat: una aliança que dóna identitat al **poble d'Israel**, el poble de Déu educat en la fe, que donarà lloc, tal com anunciaran els profetes, a una aliança definitiva amb **tota la humanitat**.

L'aliança de Déu amb la humanitat és una **benedicció**, és la **promesa** d'una vida en plenitud, és el **misteri** d'una presència que acompanya i guia. Però també és un **compromís** de fidelitat a aquest amor incondicional per part de Déu, és una opció sostinguda per a reconèixer el Déu únic que actua en la història.

Abraham prengué ovelles i vaques, les donà a Abimèlec, i tots dos feren un pacte. Després, separà set ovelles joves. Abimèlec preguntà: «Què signifiquen aquestes set ovelles que has separat?». Respongué: «Signifiquen que reps de la meva mà aquestes set ovelles com a prova que sóc jo qui ha excavat aquest pou». Per això aquell lloc es diu Beerxeba, perquè allà havien fet un jurament.

Gn 21,27-31

## UN POBLE I UN SOL DÉU

MARC CHAGALL, *MOISÈS REP LES TAULES DE LA LLEI*.

Moisès va escriure totes les paraules del Senyor. De bon matí es va llevar, dedicà un altar al peu de la muntanya amb dotze pedres plantades per les dotze tribus d'Israel. Després va manar als joves israelites que oferissin holocaustos i que immolessin vedells al Senyor com a sacrificis de comunió.

Després va prendre el document de l'aliança i el llegí al poble. Ells van respondre:

—Complirem tot el que ha dit el Senyor i l'obeirem.

Ex 24,4-5.7

### L'aliança amb Moisès i amb el poble d'Israel

## UNA BENEDICCIÓ QUE DURARÀ PER SEMPRE

MARC CHAGALL, *EL REI DAVID*.

«I ara el Senyor t'anuncia que és ell qui et farà un casal. Quan t'arribarà l'hora d'adormir-te amb els teus pares, jo, el Senyor, posaré en el teu lloc un del teu llinatge, sortit de les teves entranyes, i refermaré el seu regnat. És ell qui construirà un casal dedicat al meu nom, i jo faré que el seu tron reial es mantingui ferm per sempre. El teu casal i la teva reialesa es perpetuaran per sempre davant teu, el teu tron es mantindrà per sempre». Això és el que Natan va dir a David quan li va comunicar aquesta visió profètica.

2Sa 7,11c-13.16-17

### L'aliança amb el llinatge de David

## L'ANUNCI D'UNA NOVA ALIANÇA

MARC CHAGALL, *EL PROFETA JEREMIES*.

«Vénen dies —ho dic jo— el Senyor, que compliré la promesa que tinc feta al casal d'Israel i al de Judà.

En aquells dies, en aquell temps, faré néixer al llinatge de David un rebrot legítim, que defensarà en el país el dret i la justícia.

En aquells dies, Judà serà salvat i Jerusalem viurà segura. I la ciutat serà anomenada 'El Senyor és la nostra salvació'».

Jr 33,14-16

### Els profetes anuncien una nova aliança

## ACTIVITATS

1. Tria un d'aquests textos i respon les preguntes següents:

    Gn 18,1-15; Ex 32,1-15; 2Sa 12,1-13

    a) Què es narra en aquest relat?

    b) Qui en són els protagonistes? Quines actituds té cadascun?

    c) Com actua Déu?

2. Elabora un esquema que reculli la informació que es presenta en aquestes dues pàgines sobre l'aliança de Déu amb la humanitat.

3. Esbrina el significat bíblic del terme *aliança* i el seu significat en la societat actual.

    — Estableix tres diferències que consideris fonamentals entre els dos significats.

Déu es dóna a conèixer en la història:

- Segella amb Noè una Aliança per a salvar tots els éssers vius.
- Crida Abraham per a fer d'ell «pare de munió de pobles» i beneir en ell «totes les famílies de la terra».
- El poble d'Israel, nascut d'Abraham, serà la seva propietat personal.
- Déu es dóna a conèixer a Moisès pel seu nom. El seu nom misteriós (*Jahvè*) significa «Jo sóc». Allibera Israel de l'esclavatge a Egipte, segella una aliança al Sinaí i, per mitjà de Moisès, dóna al seu poble la Llei.
- Una vegada i una altra Déu envia profetes al seu poble, per a cridar-lo a la conversió i a la renovació de l'Aliança. Els profetes anuncien que Déu establirà una Aliança nova i eterna, que realitzarà una renovació radical i la redempció definitiva.

*Youcat*, 8

## 2. COM ÉS LA FIDELITAT DE DÉU?

**«DIOS FIEL»**
Cançó del grup Ain Karem sobre la fidelitat de Déu.

http://links.edebe.com/ru5s

**FES + QUE** ESCOLTAR...
- Quina és la frase que més es repeteix en la cançó? En tens cap experiència personal?
- Per què creus que la cançó acaba dient «Dios desconcertante y fiel»?

» En els llibres de l'Antic Testament descobrim que el Déu d'Israel és ric en misericòrdia i manté la seva fidelitat per sempre. Són moltes les històries que recullen aquest amor infinit de Déu envers la humanitat.

### 2.1. UN AMOR QUE DURA PER SEMPRE

El llibre dels **Salms** és ple d'afirmacions sobre com és l'**amor de Déu** i com Déu mostra la seva **fidelitat** constantment.

Déu es presenta com un refugi on posar-se fora de perill, o com un pastor que té cura del seu ramat, o com un **pare que sent tendresa pels seus fills.** Amb aquestes i altres imatges que trobem en els salms es descriu i es lloa la fidelitat de Déu, la fidelitat d'un **amor que dura per sempre.**

> El seu amor per nosaltres és immens,
> la fidelitat del Senyor durarà sempre.
> Sl 117,2

### 2.2. UN AMOR UNIVERSAL

El llibre de Jonàs ensenya que l'**amor de Déu** és **universal**: ho fa per mitjà de la història de Jonàs, un jueu convençut, i de Nínive, una ciutat allunyada de Déu.

**Jonàs** rep de Déu la missió d'anar a predicar a la ciutat pagana de **Nínive** la conversió dels seus pecats. Però Jonàs, en comptes d'obeir, fuig. En aquesta fugida, Jonàs és salvat per Déu de morir ofegat al mar i, finalment, torna a Nínive a predicar. Les seves paraules aconsegueixen que **tots**, homes i animals, **girin el seu cor cap a Déu.**

La reacció de Jonàs davant d'aquest resultat és desproporcionada: en comptes d'**alegrar-se perquè Déu perdona** Nínive, ell s'enutja perquè no es compleix el càstig de destrucció que els havia anunciat. I és que Jonàs no entén que la salvació de Déu no és tan sols per al poble d'Israel.

> «I jo no havia de plànyer Nínive, la gran ciutat, on viuen més de cent vint mil persones que no distingeixen el bé del mal, a més de tant de bestiar?».
> Jo 4,11

### 2.3. COM L'AMOR D'UN ESPÒS

El profeta **Osees** presenta la relació de Déu amb el seu poble des de la perspectiva de l'amor d'un espòs per la seva esposa. El profeta, que havia viscut en la seva mateixa carn l'experiència de la infidelitat en el matrimoni, presenta **Déu com a espòs, amant i fidel,** del poble d'Israel.

L'amor de Déu és molt més fort que la infidelitat del poble que, una vegada i una altra, cau en la idolatria. L'amor generós i gratuït de Déu és una **crida a la conversió** i a l'esperança.

> «Et prendré com a esposa per sempre, et prendré com a esposa i pagaré per tu bondat i justícia, amor i misericòrdia».
> Os 2,21

RAFAEL SANZIO, *OSEES I JONÀS*.

## 2.4. UN AMOR QUE NO OBLIDA

En el llibre d'**Ester** descobrim les penúries del poble d'Israel durant la diàspora o exili. Sota el domini estranger la comunitat jueva era perseguida, dispersa i amenaçada. En aquest context, **Déu no s'oblida del seu poble.**

Quan tot sembla que està perdut, la intervenció decidida d'Ester, una noia jueva convertida en reina, canvia el rumb de la història.

El **poble innocent** es deslliura de l'extermini que havien planejat contra ell gràcies a Ester, que, confiant en la **fidelitat de Déu,** descobreix al rei tota la veritat. L'aparent feblesa del poble jueu triomfa enfront de la superioritat dels seus adversaris.

> «Senyor meu, rei nostre, tu ets l'únic Déu.
> Ajuda'm, que estic sola. Ningú no em pot ajudar fora de tu».
>
> Estgr C,14

## 2.5. UN AMOR QUE DÓNA LA VIDA

**Ezequiel,** el profeta de l'exili a Babilònia, parla al poble en nom de Déu. En les seves visions (sovint expressades en forma d'**oracles** del Senyor) encoratja l'**esperança** del retorn a Jerusalem. Malgrat totes les infidelitats viscudes pel poble, **Déu continua fidel** a la humanitat.

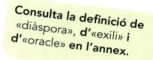

Consulta la definició de «diàspora», d'«exili» i d'«oracle» en l'annex.

> «Posaré el meu esperit dins vostre, recobrareu la vida, i us establiré a la vostra terra. Llavors sabreu que jo, el Senyor, ho he anunciat i ho he complert. Ho dic jo, el Senyor» —oracle del Senyor—.
>
> Ez 37,14

### ACTIVITATS

**4. Treball cooperatiu:** En petit grup, llegiu una de les citacions següents:

Os 2,16-25; Jo 4,1-11; Sl 23; Ez 37,1-14; Estgr C,12-25

a) Busqueu tres paraules que defineixin com es presenta la fidelitat de Déu.

b) Redacteu un breu text que expressi com es pot percebre avui la fidelitat de Déu envers la humanitat, en el qual s'hi incloguin les paraules de l'apartat a).

**5.** Llegeix les citacions següents, on es presenten altres imatges per a expressar com és la relació entre Déu i el poble d'Israel, i completa aquesta taula:

| Citació | Déu és... | Israel és... | Característiques de la fidelitat de Déu |
|---|---|---|---|
| Os 10,1-4 | ... | una vinya | ... |
| Os 11,1-4 | ... | ... | ... |
| Is 49,14-16 | una mare | ... | ... |
| Ez 34,11-16 | ... | ... | ... |

**6.** Inventa't una imatge literària o visual que serveixi per a expressar com és la fidelitat de Déu envers la humanitat. Justifica la resposta.

# 3. LA FIDELITAT ÉS VIURE EN L'AMOR

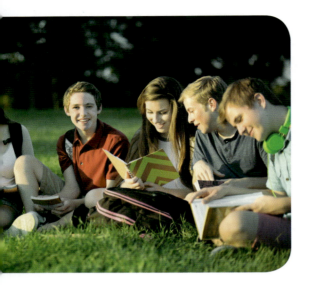

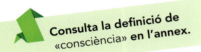

Consulta la definició de «consciència» en l'annex.

> Un amic fidel és un refugi segur: qui el troba, ha trobat un tresor. Un amic fidel no es compra a cap preu, és inestimable el seu valor. Un amic fidel és un elixir de vida que el Senyor farà trobar als seus fidels. Qui venera el Senyor orienta bé la seva amistat, perquè, tal com és ell, és el seu amic.
>
> Sir 6,14-17

> Som en plena «cultura de l'envàs». El contracte de matrimoni importa més que l'amor, el funeral més que el mort, la roba més que el cos, i la missa més que Déu. La «cultura de l'envàs» menysprea els continguts.
>
> Eduardo Galeano

» **En l'actualitat existeix un fenomen social consistent en la dificultat per a un compromís permanent, tant a nivell de relacions personals com a nivell professional.**

## 3.1. ÉS POSSIBLE DIR «PER SEMPRE»?

Quan parlem de **fidelitat** estem parlant de **llibertat** per a triar, de **voluntat constant**, de vinculació a persones, a creences o a maneres d'actuar. Dir fidelitat és dir compromís, lliurament, eternitat i, sobretot, **amor**.

La fidelitat no és un valor estàtic que una persona tria en la seva vida en un moment determinat i després se n'oblida. Més aviat al contrari: la persona fidel és la que constantment afronta les **exigències** de la seva opció i reinventa amb **creativitat** noves respostes per tal de no abandonar les seves opcions fonamentals.

## 3.2. SER EL QUE SOM DE DEBÒ

La història de la fidelitat d'una persona s'escriu en diverses etapes i amb diferents esdeveniments que marquen la seva identitat personal. Però, siguin quines siguin les opcions o les circumstàncies de cada moment, allò a què la persona mai no ha de renunciar és a la **coherència amb ella mateixa**.

Viure i actuar d'acord amb **la pròpia consciència**, en coherència amb allò que hom és de debò, és la base d'un desenvolupament personal harmònic a nivell humà.

Per a viure fidel a un mateix, la persona s'ha de conèixer i **acceptar tal com és**, amb les seves possibilitats i amb els seus límits. I, en la relació amb els altres, ha de saber valorar en cada ocasió quan ha de cedir en les seves idees o preferències en benefici del **bé comú**, quan s'ha d'**adaptar** a la realitat o arribar a un **consens** amb els altres, i quan ha de sostenir la seva posició per **fidelitat a si mateix**.

## 3.3. L'AMISTAT COM UN TRESOR

Es diu que l'**amistat** és un dels tipus d'amor més sublims que existeixen. La sintonia, la complicitat, la reciprocitat i la comunió que es donen entre amics omplen de felicitat l'existència d'una persona.

La fidelitat als amics es demostra no tan sols en actes extraordinaris, sinó, sobretot, en **gestos quotidians** que demostren l'afecte sincer i profund envers l'altra persona.

### ACTIVITATS

7. Identifica tres característiques que et defineixen com a persona i a les quals sempre hauries de ser fidel.

8. Reflexiona sobre el text de Galeano referit a la «cultura de l'envàs».
   a) Pensa algun exemple més que il·lustri aquesta «cultura de l'envàs». Per exemple: la marca importa més que la qualitat.
   b) Creus que la visió superficial de les coses i de les relacions afecta la manera com es viu la fidelitat avui?

9. Reflexiona i comenta amb un company o companya:
   a) Una frase del text de Sir 6,14-17.
   b) Dues coses que només demanaries a un amic de debò.
   c) A un amic de debò, se li perdona tot?

## 3.4. UN LLIURAMENT INCONDICIONAL

Quan una persona s'enamora de debò d'una altra, desitja **compartir** amb ella tot allò que és, tota la seva vida.

El desig de ser parella, de viure junts, de formar una família, de compartir-ho tot sense condicions, és un camí ple de **felicitat**, però també és un trajecte ple d'**exigències**.

A l'atracció dels inicis, cal que la segueixin la **confiança** i el **coneixement**, i mai no hi han de mancar la **llibertat** i el **respecte**.

La **fidelitat** en la parella, l'**amor que els uneix**, és un do que cal cuidar, en què tan perillosa pot resultar la rutina com la immaduresa personal. La fidelitat exigeix un amor que sap adaptar-se als **canvis vitals** que es produeixen al llarg de la relació.

## 3.5. UN PROJECTE DE FELICITAT

Déu no tan sols ofereix un **amor incondicional** a cada persona, sinó que convida cadascú a viure aquesta fidelitat en l'amor concret cap a un mateix, cap als altres i cap a Ell.

L'amor personal i fidel de Déu envers cada persona es converteix en **camí de plenitud i felicitat**. Quan algú descobreix el sentit de la seva vida des de Déu, troba un projecte de felicitat basat en l'amor i destinat a l'amor.

La persona creient sent la **intimitat** i la **profunditat** d'aquest amor de Déu cap a ella, tal com ho expressa el salm:

> Senyor, has penetrat els meus secrets i em coneixes, tu saps quan m'assec i quan m'aixeco; descobreixes de lluny estant els meus propòsits, saps prou bé si camino o si reposo, et són coneguts tots els meus passos. Encara no tinc als llavis la paraula, que tu, Senyor, ja la veus pronunciada. M'estrenys a banda i banda, has posat damunt meu la teva mà.
> 
> Sl 139,1-5

**EL SECRET D'UN FESTEIG PERFECTE**

Capítol de la sèrie d'animació *Un minut amb el Papa Francesc*.

http://links.edebe.com/xjnkp

**FES + QUE VEURE...**

- Tria dos dels consells que dóna el Papa Francesc i que creguis que ajuden a la fidelitat.

## ACTIVITATS

**10. Treball cooperatiu:** Realitzeu per parelles aquestes activitats:

a) Completeu la taula següent.

| Fidelitat a... | Exigeix... | Aporta... |
|---|---|---|
| Un mateix/una mateixa | ... | ... |
| L'amic/l'amiga | ... | ... |
| La parella | ... | ... |
| Déu | ... | ... |
| Altres: ... | ... | ... |

b) Dibuixa una diana amb cinc cercles concèntrics i escriu en cadascun dels cercles a qui ets fidel, posant-hi al centre la persona que consideres més important. Comenteu el resultat entre vosaltres.

**11.** Llegeix la paràbola *Petjades a la sorra* i reflexiona:

http://links.edebe.com/666

a) Et recorda cap experiència personal?

b) Consideres que és fàcil descobrir la fidelitat de Déu en la pròpia vida?

# APRÈN A... ANALITZAR UNA PARÀBOLA

En els Evangelis hi trobem una gran quantitat de paràboles en boca de Jesús. La **paràbola** és un gènere literari molt habitual en el judaisme del temps de Jesús. Consisteix en una **comparació** desenvolupada de manera **narrativa,** que transmet un missatge d'ordre moral i espiritual.

Un tret molt típic de les paràboles de Jesús és que sempre utilitza personatges, elements i situacions de la **realitat quotidiana** dels seus interlocutors: oficis del camp, plantes del seu entorn mediterrani, classes socials del seu temps... Com a exemple, ara analitzarem la **paràbola dels dos fills.** L'has de buscar a Mt 21,28-32.

## MÈTODE

1. **Situar** la paràbola dins de l'Evangeli per a comprendre'n millor la intenció.

2. Identificar les **tres parts** en què s'acostumen a dividir les paràboles de Jesús:
   — **Introducció,** que acostuma a ser una breu invitació a escoltar la paràbola.
   — **Relat,** que és la narració pròpiament dita, sempre a partir de la vida quotidiana. Hi acostuma a haver un detall discordant que Jesús aprofita per a formular una pregunta.
   — **Moralitat,** que s'extreu del relat a partir d'una paradoxa o d'una pregunta de Jesús. De vegades la moralitat és implícita, però en molts casos Jesús mateix l'explicita.

3. Interpretar el **significat** de la paràbola.

## APLICACIÓ

- La paràbola dels dos fills es relaciona amb les dues paràboles que la segueixen: Mt 21,33-46 i Mt 22,1-14.
  a) Llegeix les tres paràboles seguides i pensa en què s'assemblen.
  b) Fixa't en Mt 21,45-46 i digues a qui creus que s'adrecen aquestes paràboles. Quina és la seva reacció? Per què?
- Llegeix l'inici del capítol 21 i respon: On i quan pronuncia Jesús aquesta paràbola?

- Llegeix amb atenció la paràbola dels dos fills i busca el significat de la paraula «publicà».
- Identifica les tres parts de la paràbola:
  a) En aquest cas, la **introducció** consisteix en una breu pregunta. Anota-la i compara-la amb la fórmula que utilitza Jesús en la paràbola següent, a Mt 21,33.
  b) Assenyala on acaba el **relat** pròpiament dit.
  c) Com enllaça Jesús el relat amb la **moralitat?**
- Explica el **mètode didàctic** de Jesús: de quina manera aprofita la resposta dels grans sacerdots i els fariseus per a criticar-los?
  a) Quins sectors socials posa com a exemples representats pel primer fill de la paràbola?

- Els dos fills representen dos grups de persones:
  a) Qui devien ser aquests dos grups en la societat del temps de Jesús?
  b) Quin criteri utilitza Jesús per a criticar-ne un i lloar l'altre?
  c) Com aplicaries aquesta distinció entre els dos grups en la societat actual?

## SÍNTESI

- Per a resumir la unitat, traça el teu propi mapa mental. Aquí en tens un exemple que pots completar.

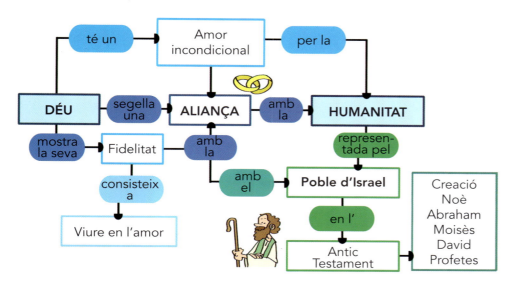

### AIXÍ VA DIR...
### ... Beat Monsenyor Óscar Romero (1917-1980)

Què és la riquesa quan no es pensa en Déu? Un ídol d'or, un vedell d'or. I l'adoren, s'agenollen davant seu, li ofereixen sacrificis.

Vols saber-ne més sobre aquest personatge? (pàg. 88)

### AVALUACIÓ COMPETENCIAL

Per a demostrar els coneixements adquirits sobre diversos personatges de l'Antic Testament i el seu missatge, ara elaborareu entre tota la classe un museu virtual d'obres d'art sobre aquesta temàtica. Les obres d'art sobre cada personatge s'organitzaran en una presentació multimèdia, que cada alumne elaborarà.

1. Repartiu-vos aquests personatges de l'Antic Testament. Al costat de cadascun hi teniu el llibre bíblic on podeu buscar informació:

   - Noè (Gènesi)
   - Abraham (Gènesi)
   - Moisès (Èxode)
   - David (1 i 2 Samuel)
   - Jonàs (Jonàs)
   - Ester (Ester)
   - Ezequiel (Ezequiel)
   - Elies (1 i 2 Reis)

2. Busqueu informació sobre el vostre personatge bíblic. Podeu utilitzar aquesta unitat i l'anterior, a més d'enciclopèdies virtuals i els llibres bíblics corresponents.

3. Utilitzeu un cercador d'imatges per a trobar una selecció d'imatges artístiques sobre el vostre personatge. Classifiqueu-les segons l'escena que representen i busqueu aquestes escenes en el llibre bíblic corresponent.

4. Prepareu una presentació multimèdia de la vostra selecció d'imatges artístiques, combinada amb petits textos i esquemes en què mostreu de quina manera aquest personatge bíblic va experimentar personalment l'amor i la fidelitat de Déu. Incorporeu-hi també alguna breu citació bíblica.

# 4

# JESÚS ÉS EL SERVIDOR DE DÉU

### Quin sentit té el sofriment de Jesús?

La vida de les persones està marcada per la lluita contra el sofriment i per això ens preguntem: per què Déu va deixar que el seu Fill experimentés la Passió i la mort a la creu?

Déu va enviar el seu Fill per fer arribar a la humanitat un nou projecte de vida basat en l'amor. Jesús, essent Déu, va assumir la condició humana, que està marcada pel sofriment, i va passar tota la seva vida «fent el bé». Els seus darrers dies són plens d'abandonaments, humiliacions i tortures. Jesús va acceptar lliurement donar la vida per a la salvació de tothom. Va morir i ressuscitar, va patir i va ser elevat a la glòria del Pare. És, doncs, la resurrecció el que dóna sentit a la vida i la mort de Jesús.

Aquesta experiència de Jesús és la que il·lumina l'existència de tants creients que experimenten el sofriment en les seves vides. Des de l'amor, el sofriment es pot viure amb serenor i amb sentit.

1. L'esperança messiànica
2. «Hem trobat el Messies»

**TESTIMONI:** PAU EN EL DOLOR

**RUTINA DE PENSAMENT**
VEIG-PENSO-EM PREGUNTO

- Observa atentament aquesta fotografia i respon:
    — Quins detalls i/o elements veus en la imatge? No interpretis, només descriu el que veus.
    — Què penses sobre el que veus?
    — Quina pregunta et planteges quan veus aquesta imatge?

- Comparteix les teves respostes amb els companys:
    — Hi coincideixes?
    — Si ara repetissis l'activitat, respondries el mateix?

# 1. L'ESPERANÇA MESSIÀNICA

## MÚSICA PER A LA UTOPIA

L'esperança d'un món millor ha estat el tema de moltes composicions musicals:

**CELTAS CORTOS:**
«Carta a Rigoberta Menchú»
http://links.edebe.com/42q8e

**GLORIA ESTEFAN:**
«Más allá»
http://links.edebe.com/inpey4

**JOHN LENNON:**
«Imagine»
http://links.edebe.com/4sxmd

**SERRAT:**
«Utopía»
http://links.edebe.com/xaahw5

### FES + QUE ESCOLTAR...

- Tria una de les cançons i resumeix en què consisteix l'esperança que vol transmetre.

» Els éssers humans no podem viure sense esperança, la necessitem per a afrontar la realitat de cada dia i per a superar les dificultats. El poble d'Israel va viure moments de sofriment i opressió, però mai no va perdre l'esperança en el Déu de l'Aliança.

### 1.1. EL MESSIANISME: L'ESPERANÇA D'UN MÓN MILLOR

En general, el terme «**messianisme**» es refereix a tots aquells moviments que busquen **renovar la societat** per superar els problemes i les circumstàncies negatives que l'assolen. La **història bíblica d'Israel** era un terreny fèrtil perquè sorgissin aquest tipus de moviments.

A més, l'**experiència** que els jueus tenen de **Déu** abona l'esperança:

- Déu ha **creat** totes les coses i ha ofert a l'ésser humà el paradís.
- Malgrat el seu pecat, Jahvè estableix una **Aliança** amb el seu poble per mitjà d'Abraham i els seus descendents.
- **Allibera** els israelites de l'opressió d'Egipte i els condueix, amb Moisès al capdavant, a la **terra promesa** de Canaan.
- Jahvè els concedeix èpoques d'esplendor, com els anys de la **monarquia** de David i Salomó.
- En els temps de l'**exili**, la fidelitat de Déu esdevé especialment significativa mitjançant els **profetes**, que consolen i sostenen l'esperança.

En aquesta **història de crisi** gairebé constant, marcada per les anades i vingudes del dolor i el pecat, es va gestant l'**esperança messiànica**: la confiança que el **món just i feliç** promès per Déu és realment possible.

És clar què és el que espera el poble de Déu. Ara bé, **qui** farà possible aquest **desenllaç**? De qui depèn que les persones es relacionin de manera diferent perquè aquesta **nova realitat** marcada per la felicitat, la justícia i la pau existeixi de fet?

L'**esperança** s'anirà dipositant en la figura del **Messies,** un personatge, de vegades col·lectiu, de vegades individual, que serà **enviat per Déu** i amb el qual s'inaugurarà aquesta **nova realitat.**

## ACTIVITATS

1. **Treball cooperatiu:** En petit grup, feu un mural amb el títol «Imagina».

    a) Escriviu els vostres somnis, les vostres esperances per a un món millor i allò que us il·lusiona en el dia a dia.

    b) Elaboreu una taula en la qual s'indiqui qui, quan i com es poden fer realitat.

| Somni | Qui | Quan | Com |
|---|---|---|---|
| Que no hi hagi desconfiança entre els amics. | Les persones entre les quals hi ha amistat. | Des que s'inicia l'amistat, sempre. | Dient la veritat. Respectant la intimitat de l'altre. |
| ... | ... | ... | ... |

    c) De qui depèn que es duguin a terme la majoria dels vostres somnis?

    d) És fàcil el «com»? Quines implicacions comporta?

38

## 1.2. ELS TRETS DEL MESSIES EN L'ANTIC TESTAMENT

En l'**Antic Testament** la figura del **Messies** va prenent diferents formes, depenent del context i de les circumstàncies en les quals es troba el poble d'Israel a cada moment.

Podem identificar els **trets** que va adquirint el Messies, a mesura que es desenvolupa la història d'Israel, en les anomenades **profecies messiàniques:**

- Època **patriarcal.** En els llibres del Pentateuc apareixen algunes **profecies** que han estat interpretades com a al·lusives al Messies. S'hi destaca que el Messies vencerà el mal, serà **mediador de la benedicció de Déu** per a tothom, consolarà el seu poble i l'obeiran totes les nacions.

> «El veig venir, però no pas ara; el contemplo, però no és a prop: surt de Jacob una estrella, s'aixeca un ceptre a Israel».
> 
> Nm 24,17

- Època de la **monarquia.** En aquest moment sorgeix l'anomenat **messianisme reial.** Amb la figura del rei David com a model, es van atorgant al Messies **trets propis d'un rei,** tal com era entès aleshores. Es pot dir que les característiques que abans requeien en el poble d'Israel («triat per Déu», «beneït») ara **es concentren en els reis** de la dinastia de David, la missió dels quals consisteix a portar la justícia de Déu, fer realitat el seu regne.

> «Que es perpetuï el seu nom i creixi mentre duri el sol. Que els pobles es valguin del seu nom per a beneir-se i li augurin la felicitat».
> 
> Sl 72,17

- Època de l'**exili.** Durant la deportació a Babilònia el messianisme reial entra en **crisi.** En aquest moment, els **profetes** tenen un protagonisme especial. La figura messiànica adquireix els trets del **«Servent de Jhwh»,** l'expressió més important del qual rau en els «càntics del servent del Senyor», que es troben recollits en el llibre del profeta Isaïes.

> «Aquí teniu el meu servent, que jo sostinc, el meu elegit, en qui m'he complagut. He posat damunt d'ell el meu Esperit, perquè porti la justícia a les nacions».
> 
> Is 42,1

### JESUCRIST, MESSIES «PROFETA»

**Audiència del papa Joan Pau II**
(25 de febrer de 1987)

http://links.edebe.com/bpe4tz

### FES + QUE LLEGIR...

- Com definiries la figura del servent de Déu?
- Quines característiques té el «Servent de Jhwh» que presenten els càntics del profeta Isaïes?

### ACTIVITATS

2. Llegeix el text del quart «càntic del servent del Senyor» a Is 52,13-53,12.

   a) Anota els trets del servent del Senyor que et criden més l'atenció. S'ajusten, al teu parer, a la idea d'un Messies rei? Justifica la resposta.

   b) A qui, i en quin moment de la seva vida, et recorda el personatge? Per què?

   c) Alguns versets d'aquest càntic se citen en els Evangelis. Relaciona:

   Is 53,7 • • Mt 8,16-17
   Is 53,12 • • Jn 1,29
   Is 53,4 • • Lc 22,37

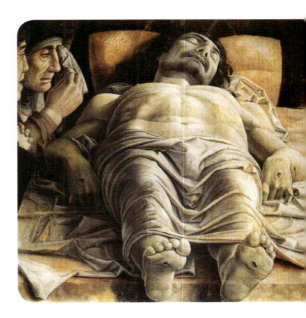

ANDREA MANTEGNA, *LAMENTACIÓ SOBRE CRIST MORT* (1470-1474).

## 2. «HEM TROBAT EL MESSIES»

> «A BELÉN SE VA Y SE VIENE»
> Nadala de J.A. Espinosa amb lletra de J.A. Olivar.
> http://links.edebe.com/42qm9z

**FES + QUE SENTIR...**

- En temps de Jesús, com esperaven el Messies? Com va arribar realment el Messies?
- Quines implicacions té això per als seguidors de Jesús?

» En l'afirmació que l'apòstol Andreu diu al seu germà Pere tan bon punt ha conegut Jesús: «Hem trobat el Messies», es descobreix que la gent esperava el Messies i que alguns el van reconèixer en Jesús.

### 2.1. QUIN MESSIES ESPEREN?

Ja coneixem els trets que la **tradició de l'Antic Testament** atribuïa al **Messies**. A partir d'aquests trets els **jueus** es van formar les seves pròpies idees i fins i tot van ajustar la seva pròpia **manera de ser i d'organitzar-se** socialment a aquestes expectatives.

Entre els **grups socials i religiosos** del judaisme dels inicis del segle I d. C. es troben els zelotes i els fariseus. En tots dos casos **esperen l'arribada d'un Messies** que instauri una **teocràcia de Jahvè**, de l'únic Senyor dels jueus. Però la manera d'aconseguir-la serà diferent per a cadascun dels dos grups:

- Els **zelotes** pretenen l'alliberament dels jueus respecte del poder romà per mitjà de la lluita armada i violenta.

- Els **fariseus,** en canvi, exerceixen un gran poder social mitjançant la rectitud de vida i el compliment estricte de la Llei de Moisès.

No és estrany que en un **poble** que se sent **triat per Déu** i amb una història marcada per l'**opressió** i la **submissió política** a altres nacions i poders (Roma, en el temps de Jesús), el Messies esperat sigui proper a aquell **Messies-rei** originat en l'època de la monarquia.

Així, ens podem preguntar: és **Jesús** el **Messies** que esperaven els seus contemporanis? Pretenia instaurar el regne de Déu amb la **força de la violència?** O, en canvi, buscava ser el «rei dels jueus» per mitjà d'un rígid **compliment de la Llei de Moisès?**

LUCA SIGNORELLI, *ESTENDARD DE LA FLAGEL·LACIÓ* (1475).

> Pilat els diu: «I de Jesús, l'anomenat Messies, què n'he de fer?». Tots van respondre: «Que el crucifiquin!».
>
> Mt 27,22

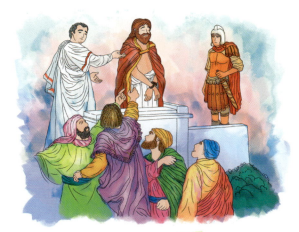

**ACTIVITATS**

3. Llegeix el text de Mc 8,27-35 i el comentari que en fa el papa Benet XVI.

   http://links.edebe.com/32si

   a) Completa la taula següent:

   | Els apòstols esperen que Jesús, com a Messies... | Jesús els explica que el Fill de l'home... |
   |---|---|
   | Venci els poderosos... | Patirà molt. |
   | ... | ... |

   b) De les dues posicions que presenta el text bíblic, quina representa la imatge d'un Messies polític? I la d'un Messies sofrent?

   c) Què significa, segons el Papa, «decidir-se a seguir Jesús»?

Consulta la definició de «teocràcia» en l'annex.

## 2.2. JESÚS ÉS EL MESSIES, EL SERVENT DE DÉU

La resposta a les preguntes de la pàgina anterior és clara: no. **Jesús no busca el poder** polític, social, econòmic o religiós. Tanmateix, compleix amb les **expectatives** que s'havien posat en el Messies des de feia segles i les supera, els dóna un nou sentit i les orienta cap a la realització del **desig de Déu** per a tota la humanitat: **un món nou, just i feliç** per a tothom.

Els **Evangelis**, escrits a la llum de la resurrecció de Jesús, proclamen amb claredat que **Jesús és el Messies** i destaquen les característiques del seu messianisme:

- Lc 4,16-21: Jesús és l'**ungit de Déu,** el seu elegit per a dur a terme la seva missió a la Terra.

- Jn 13,34-35: La llei sobre la qual es construeix el Regne de Déu no és la Llei de Moisès, sinó la **llei de l'amor.**

- Mc 7,31-37: Jesús exerceix el poder de Déu sempre **per al bé de les persones,** no per a enaltir-se.

- Jn 13,1-17: Jesús rebutja el poder humà i opta pel **servei** i la **humilitat.**

- Mt 26,39: Se sotmet a la voluntat de Déu com un **servent.**

- Mc 14,53-65: Només es reconeix com a **rei** i **messies** en el moment de la seva detenció i judici, quan per això fins i tot és objecte de mofa.

- Mc 15, 1-39: La seva passió i mort recorden el «Servent de Jhwh» del qual parlava Isaïes: un servent que se sotmet en silenci a aquest sofriment i que **lliura la vida** per a la salvació de tothom.

Veiem, doncs, que el **messianisme de Jesús** transcendeix el messianisme reial i li dóna un **nou sentit.** Jesús és el **Servent de Déu,** i això dóna sentit tant a la seva vida com a la seva mort. El Regne de Déu, aquest **món nou** que sorgirà amb l'arribada del Messies, serà realitat quan l'**amor** regeixi la vida de les persones.

Segons el que ens mostra Jesús, l'amor implica **obediència** a la **voluntat de Déu, servei** als més febles, compromís amb la **justícia,** rebuig de tota violència i **lliurament** de la pròpia vida. Quan això succeeix, **l'amor transcendeix la mort,** que és vençuda per la vida. Així li va passar a Jesús, el Servent de Déu, i així esperen que els succeeixi als qui **segueixen Jesús** servint Déu.

### TIERRAS DE PENUMBRA

Un escriptor de gran reputació que viu al seu món arriba a descobrir el sentit profund del sofriment en el moment en què estima de debò.

http://links.edebe.com/9isvti

### FES + QUE VEURE...

- Quina transformació va tenint el professor Lewis? A què es deu?
- Tria i comenta amb un company una de les frases sobre el sentit del sofriment que pronuncien els protagonistes.

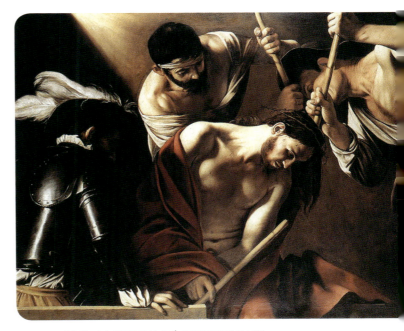

CARAVAGGIO, *LA CORONACIÓ D'ESPINES* (1603).

## ACTIVITATS

4. Descriu alguns moments de la teva vida en els quals el sacrifici i el sofriment hagin estat necessaris per a poder assolir l'èxit.

5. Exposa a classe la biografia d'alguna persona que, per mitjà del servei, va aconseguir que el món fos un lloc millor per a tothom.

6. Mira el vídeo *Aprèn a portar la teva creu:*

   http://links.edebe.com/5rj36

   — Segons la teva opinió, què aporta la fe cristiana a la vivència de les experiències doloroses?

7. **Treball cooperatiu:** El darrer diumenge de l'any litúrgic els cristians celebren la festa de Crist Rei. Llegiu Mt 25,31-46, text que es llegeix en l'Eucaristia d'aquell dia.

   a) Enumereu els comportaments i les actituds que, segons Jesús, són els que promou el Regne de Déu.

   b) Busqueu una notícia o exemple que il·lustri cadascun d'aquests comportaments.

   c) Esbrineu com es calcula el dia que se celebra la festa de Crist Rei a partir de la data de Nadal. Quin dia se celebra enguany?

## TESTIMONI

## PAU EN EL DOLOR

L'exemple de Jesús, que va viure el seu **sofriment** amb serenor i amb sentit, és seguit per persones que experimenten situacions límit, com la malaltia greu, i es mostren **confiades** i **esperançades.**

«No tinc res a explicar-me, ni a mi, ni a ningú. Només girar-me cap al meu Déu en els ulls de tots els rebuigs humans del nostre món, i en nom d'ells creure i pregar.

Perquè els més privilegiats de tots són els pobres de Jahvè, els que no poden tenir mai un valedor per a res ni en salut, ni en malaltia..., ja que Déu des de sempre ha estat garant per ells contra tots els poders del mal i del pecat i anuncia l'alliberament definitiu en favor seu i la seva predilecció per les seves vides d'homes i dones no acabats.

Crec i proclamo en la meva pregària a crits d'avui que Déu viu en el cor de tant sofriment. Que s'ha implicat fins al fons i s'ha alineat amb tota aquesta "marea" de dolor. Que s'ha fet, i es fa, dolor Ell mateix. Demano estar en el corrent de la fraternitat i de la família dels seus fills preferits, els meus germans més estimats».

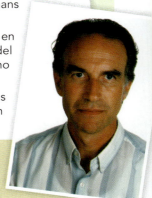

**Ricardo Arias Gómez** va ser un sacerdot salesià que va morir el 1996 a Urnieta (Guipúscoa). Inesperadament, el «germà càncer», com ell l'anomenava, se'n va apoderar i la seva vida va fer un tomb inesperat.

La malaltia i el sofriment no van enfonsar en Ricardo; més aviat al contrari, van fer-ne un home més de Déu, més de la vida i més de l'amor.

«Tenir un accident en el qual et perilla la teva vida pot ser quelcom terrible, però, si aconsegueixes salvar-te i poder viure dignament, pot ser un regal tan gran que et retorni a la infantesa, que et tregui anys del damunt i l'armadura, que et redirigeixi la vista cap a l'ànima i tornis a sentir com si acabessis de néixer. I és així, perquè acabes de néixer.

Ara veig més que abans el que és important en la vida».

El 2012, **María de Villota,** pilot de Fórmula 1, va patir un terrible accident en el qual va perdre un ull. La seva vida professional va quedar totalment truncada.

Un any després, com a conseqüència de l'accident, la María va morir. Aquest curt espai de temps va ser suficient per a deixar al món un testimoniatge increïble de maduresa personal, un enorme optimisme i unes ganes de viure que contagiava a tothom que es trobava al seu voltant.

La **resiliència** és la capacitat humana d'assumir amb flexibilitat les situacions límit, afrontar-les i sortir-ne enfortit.

Les persones resilients viuen la frustració, la limitació, el fracàs, el trauma o l'adversitat com una **oportunitat de creixement personal** i tenen tres capacitats bàsiques:

— **Accepten** la realitat tal com és.
— Creuen que la vida té **sentit.**
— Sempre estan disposades a **millorar.**

- Com és el Déu que experimenta en Ricardo en la seva malaltia? Qui són els favorits de Déu?
- Com expressa María de Villota el canvi que va significar per a ella l'accident? Ho va viure com una cosa positiva o negativa?
- Elabora una definició del que entens tu per resiliència. Et consideres una persona resilient? Coneixes cap persona que ho sigui? Comparteix la teva reflexió amb un company o companya.

«Quan el cabal augmenta considerablement, els joncs dels rius es dobleguen, sense trencar-se, i després tornen a la posició original quan les aigües recuperen el seu aspecte habitual».

Gonzalo Hervás

42

# SÍNTESI

- Per a resumir la unitat, traça el teu propi mapa mental. Aquí en tens un exemple que pots completar.

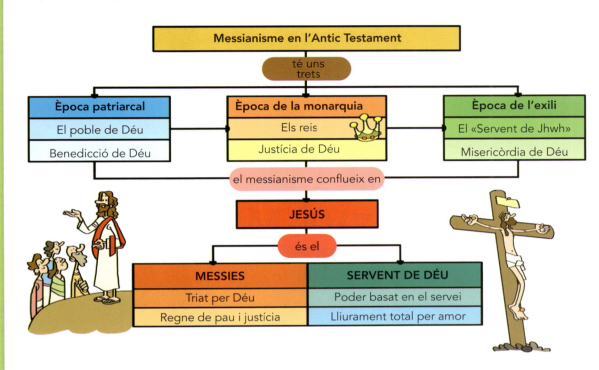

## AIXÍ VA DIR...

### ... Santa Lluïsa de Marillac
(1591-1660)

«El pessebre és el tron del regne de la santa pobresa.»

Vols saber-ne més sobre aquest personatge? (pàg. 89)

## AVALUACIÓ COMPETENCIAL

Per a l'avaluació d'aquesta unitat t'hauràs de traslladar a l'època dels Evangelis. Es tracta que redactis un diàleg imaginari entre diversos personatges que han tractat Jesús i que argumenten si és o no el Messies que esperava el poble de Déu.

1. Tria quins personatges sortiran en el teu diàleg. N'has de triar almenys quatre. Aquí tens algunes possibilitats:
    - Un fariseu que pensa que Jesús no pot ser el Messies perquè no és un complidor estricte de la Llei.
    - Un deixeble que ho ha deixat tot i que fa mesos que segueix Jesús a tot arreu.
    - Un zelota que no confia en Jesús perquè no s'ha alçat en armes contra els dominadors romans.
    - Un cec (o un paralític, o un leprós...) que ha estat guarit per Jesús.
    - Una dona que ha parlat diverses vegades amb Jesús i que s'ha sentit tractada per primera vegada com una persona.
    - Un personatge molt ric que se sent criticat per Jesús.

2. Rellegeix els textos de l'Evangeli que tens en l'apartat 2.2 d'aquesta unitat per a repassar els trets que mostren que, per als cristians, Jesús és el Messies.

3. Redacta el diàleg entre els personatges que has triat. Cada personatge ha de parlar des de les seves pròpies idees respecte del Messies esperat i, també, des del seu propi coneixement de Jesús.

4. Si el professor ho considera adequat, algun dels diàlegs pot ser representat —o almenys llegit— a classe.

# 5

# JESÚS CRIDA A COL·LABORAR EN LA SEVA MISSIÓ

### A què crida Jesús?

Quan algú et diu: «Et criden», penses que algú reclama amb crits la teva atenció. Però hi ha un altre tipus de crides en les quals no hi ha una veu exterior que parla, sinó una veu interna, íntima i personal que diu a la ment i al cor allò que pot fer o triar. Cada persona, en la seva vida, sent diverses crides.

La crida que Jesús va fer als seus primers deixebles va ser una crida real i física, els va anar convocant perquè el seguissin, perquè anessin amb Ell per a poder ensenyar-los una manera nova d'entendre la vida.

Jesús continua cridant avui homes i dones a col·laborar en la seva missió. No és una crida física i perceptible. És una crida interior i profunda que mou tota l'existència a una resposta.

1. La missió de Jesús
2. Seguidors de Jesús

**MARIA ÉS**... MARE DE LA HUMANITAT

## RP

**RUTINA DE PENSAMENT**
3-2-1 PONT

- Torna a llegir el títol de la unitat i digues què saps sobre el tema. Després, observa atentament la imatge i escriu:
  - Tres idees relacionades amb el tema.
  - Dues preguntes que t'agradaria respondre al llarg de la unitat.
  - Una metàfora que expressi simbòlicament el concepte de crida.
- En acabar la unitat, torna a escriure tres idees, dues preguntes i una metàfora tenint en compte el que saps en aquest moment.
- En grups petits, compareu el vostre pensament inicial amb el nou i expliqueu com i per què el vostre pensament ha canviat.

# 1. LA MISSIÓ DE JESÚS

### LA CRIDA DELS DOTZE

http://links.edebe.com/ck2ic

**FES + QUE** SENTIR...

- Per quins motius Jesús tria els Dotze?
- Quines instruccions els dóna?

» Quan parlem de *missió* normalment la relacionem amb allò que hem de fer. Però la missió també té a veure amb la nostra manera de viure, amb allò que estem cridats a ser.

## 1.1. «VA PASSAR FENT EL BÉ»

Jesús va venir al món per a ser el **rostre de la misericòrdia de Déu.** Amb les seves paraules, amb les seves obres i amb la seva persona, Jesús mostra al món el veritable rostre de Déu.

> La missió que Jesús ha rebut del Pare ha estat la de revelar el misteri de l'amor diví en plenitud: «Déu és amor» (1Jn 4,8).
>
> Aquest amor ara s'ha fet visible i tangible en tota la vida de Jesús. La seva persona no és altra cosa sinó amor. Un amor que es dóna gratuïtament. Les relacions amb les persones que se li acosten deixen veure una cosa única i irrepetible. Els signes que fa, sobretot cap als pecadors, cap a les persones pobres, excloses, malaltes i sofrents, porten el distintiu de la misericòrdia. En Ell tot parla de misericòrdia. Res en Ell està mancat de compassió.
>
> Papa Francesc, *Misericordiae Vultus*, 8.

## 1.2. UN PROJECTE QUE REQUEREIX MOLTES MANS

Quan Jesús va iniciar la seva activitat pública va buscar uns **col·laboradors,** que van respondre a aquesta crida deixant la seva professió i la que era la seva vida fins aleshores, per anar amb Ell i participar en la seva missió.

La **crida de Jesús** tenia com a finalitat **seguir-lo i anunciar** la proximitat del Regne de Déu. Aquesta predicació es feia mitjançant la paraula i el testimoniatge de vida.

Jesús va mostrar que la fe en Déu no es pot viure de manera individual, sinó que s'ha de viure **en comunitat,** ja que no es tracta d'una filosofia sinó d'una manera d'actuar.

## 1.3. «VA CRIDAR ELS QUI VA VOLER»

En els Evangelis trobem diferents **relats sobre la crida** que va fer Jesús. Les diferències que trobem en aquests textos es deuen a les diverses tradicions orals i escrites i a la realitat concreta de la comunitat a la qual pertanyien els evangelistes.

En aquests textos es descobreixen unes característiques:

- **Jesús crida amb autoritat.** La crida que fa Jesús és la crida de Déu. El Fill crida a col·laborar amb el Pare.
- **Jesús en crida uns especialment.** Encara que van ser molts els deixebles que van seguir Jesús, Ell en va escollir uns quants perquè l'acompanyessin de més a prop.
- **Jesús crida amb unes condicions.** La crida que fa Jesús suposa una ruptura amb la vida anterior i el seguiment d'un estil de vida exigent.
- **Jesús crida per a una missió concreta.** La proposta que fa Jesús és doble: que vagin al seu costat i que anunciïn la Bona Notícia de Déu.

LORENZO VENEZIANO, *CRIDA DELS APÒSTOLS PERE I ANDREU* (1370).

MARINUS VAN REYMERSWAELE, *LA VOCACIÓ DE SANT MATEU* (1530).

## 1.4. LA CRIDA DE JESÚS EN ELS EVANGELIS

Marc situa aquestes **crides** a prop del mar de Galilea i Joan en l'entorn de predicació de Joan Baptista. Marc i Joan assenyalen que van tenir lloc a l'inici de la missió de Jesús; en canvi, Mateu i Lluc les situen quan aquesta missió ja estava força avançada.

| | Mateu / Lluc | Marc | | | Joan | |
|---|---|---|---|---|---|---|
| | Mt 8,18-22<br>Lc 9,57-62 | Mc 1,16-20 | Mc 2,13-17 | Mc 10,17-22 | Jn 1,35-42 | Jn 1,43-51 |
| A qui? | Tres **persones anònimes** | **Simó i Andreu**<br>**Jaume i Joan** | Leví | Jove ric | Dos **deixebles de Joan** (Andreu i un altre). **Simó** (Pere) | Felip i Natanael |
| Per a què? | Seguir Jesús. Anunciar el Regne. | Seguir Jesús. Ser «pescadors d'homes». | Seguir Jesús. | Seguir Jesús. | Viure amb Jesús. | Seguir Jesús. |
| Exigències | Abandonar casa seva i les seves obligacions familiars. No enyorar el que s'ha deixat. | Deixar la feina, el lloc de residència i la família. | | Vendre tot el que té i donar-ho als pobres. | | |
| Resposta | | Immediata. Ho van deixar tot i el van seguir. | | Negativa. Se'n va anar trist perquè era ric. | Immediata. El segueixen i el reconeixen com el Messies. | Immediata. El reconeixen com aquell que anunciaven els profetes, com el rei d'Israel. |

**ACTIVITATS**

1. Tria dos textos sobre la crida de Jesús i compara'ls:
   a) Qui té la iniciativa de la crida en cada cas?
   b) Quines conseqüències té la crida en la vida d'aquestes persones?
   c) En quin dels dos casos et sembla que Jesús hi posa més exigència?
   d) Hi donen la mateixa resposta? A què creus que es deu?

2. **Treball cooperatiu:** en grups de quatre, busqueu les següents citacions relacionades amb la crida als apòstols:

   Mt 10,1-4 – Mc 3,13-19 – Lc 6,12-16 – Jn 1,35-51

   a) Llegiu cadascun un text diferent i localitzeu-hi el nom dels apòstols.
   b) Elaboreu una taula en què es vegi quins noms són els que coincideixen i quins no.
   c) Investigueu sobre quin pot ser el motiu d'aquestes diferències entre els evangelistes.

3. Cerca a internet una obra que expressi artísticament una crida de Jesús i prepara'n una presentació audiovisual que inclogui la informació següent:
   a) Títol de l'obra i artista.
   b) Tècnica utilitzada i any o període d'elaboració.
   c) Text evangèlic en què s'ha inspirat l'autor.
   d) Missatge que vol transmetre l'autor.

> «Mireu un autèntic israelita, un home que no enganya».
> Jn 1,47

## 2. SEGUIDORS DE JESÚS

» Actualment, a les xarxes socials *seguir algú* significa estar pendent de què diu o què fa una persona. Però avui seguir Jesús significa molt més, significa creure en Ell i viure com Ell.

### L'APÒSTOL

Pel·lícula que explica la història d'un jove musulmà que viu a França.

Tràiler:

http://links.edebe.com/2vbj9d

Entrevista a la directora de la pel·lícula:

http://links.edebe.com/rpwxh

#### FES + QUE VEURE...

- Què és allò que més qüestiona la fe d'Akim?
- Com és el Déu cristià que descobreix Akim?

### 2.1. ELS DEIXEBLES DE JESÚS

En els Evangelis descobrim que des de l'inici de la seva missió Jesús **és seguit per algunes persones** que volen viure com Ell. Jesús se'n preocupa, els ensenya i els ajuda a descobrir en primera persona el misteri d'un Déu que és Pare.

Entre els seguidors de Jesús hi va haver **gent senzilla** i també **gent rica** que va posar els seus béns al servei dels pobres. Entre els deixebles de Jesús hi va haver **homes i dones,** que el van acompanyar en la seva predicació.

La vida dels deixebles de Jesús va estar marcada per moments molt variats, que van anar de l'**esperança** i la il·lusió (quan escoltaven i veien actuar el Mestre) fins a l'**alegria** i l'entusiasme de la Resurrecció, passant per la **por** i la desesperació (en els moments de la passió i la mort de Jesús).

### LUIS GUITARRA

«Sois la sal»

http://links.edebe.com/yigke

#### FES + QUE SENTIR...

- Anota què pot donar sabor a la vida.
- Què pot il·luminar la vida de les persones i portar a Déu?

### 2.2. DIFERENTS MODELS DE DISCIPULAT

Els deixebles de Jesús van tenir un paper principal en l'**inici de l'Església.** Van ser ells els qui van mantenir viva l'**experiència viscuda** i van transmetre a les generacions següents el missatge de Jesús. Ells van fer que l'experiència creient s'anés consolidant en les primeres comunitats cristianes.

Els **evangelistes,** recollint la tradició de la primera generació cristiana i la realitat de la comunitat per a la qual escrivien, mostren com ha de ser el **deixeble ideal.** Tots ells expressen una doble preocupació: la de **mantenir viu el missatge** de Jesús i la d'**il·luminar la vida dels creients** segons les necessitats d'aquest moment.

TINTORETTO, *JESÚS A CASA DE MARTA I MARIA* (1580).

| Marc | Lluc |
|---|---|
| **Comunitat:** viu la dimensió triomfant i gloriosa de Jesús, però li costa reconèixer-lo en la seva dimensió sofrent. | **Comunitat:** viu amenaçada pel judaisme i es qüestiona la seva confessió de fe en Jesús. |
| **Deixeble:** el qui assumeix la passió i la mort de Jesús i és testimoniatge de la seva resurrecció. | **Deixeble:** el qui creu en Jesús i en comprèn els ensenyaments. |
| **Model:** les dones. | **Model:** Maria. |

| Mateu | Joan |
|---|---|
| **Comunitat:** viu inserida en un context pagà en què el missatge de Jesús pot acabar difuminant-se. | **Comunitat:** viu un procés d'iniciació en la fe: estimar com Jesús, unió amb el Pare i animada per l'Esperit Sant. |
| **Deixeble:** el qui segueix Jesús amb radicalitat i està disposat a tot, fins i tot a la creu. | **Deixebles:** tots els qui creuen en Jesús i estimen com Ell. |
| **Model:** Pere. | **Model:** el «deixeble estimat». |

48

## 2.3. SER TESTIMONIS DE JESÚS AVUI

Abans de tornar a Déu Pare, Jesús va reunir els seus deixebles i els va deixar una **missió**:

> Jesús se'ls acostà i els va dir: «He rebut plena autoritat al cel i a la terra. Aneu, doncs, a tots els pobles i feu-los deixebles meus, batejant-los en el nom del Pare i del Fill i de l'Esperit Sant i ensenyant-los a guardar tot allò que us he manat. Jo sóc amb vosaltres dia rere dia fins a la fi del món».
>
> Mt 28,18-20

Al llarg de la història han estat molts els homes i les dones que han dedicat tota la seva vida a **anunciar el missatge de Jesús.** La seva presència i el seu testimoniatge, gràcies a la força de l'Esperit Sant, mostren al món que és possible viure tenint Déu com a Pare i el proïsme com a germà.

La crida de Jesús ha tingut moltes i diverses **respostes** dins de l'Església, però totes tenen un element en comú: el **desig de viure l'Evangeli.**

Avui Jesús continua cridant personalment homes i dones perquè facin realitat aquest somni de pau i justícia que Ell va inaugurar.

La **vocació dels cristians** avui ha de continuar responent al mateix desig que va tenir Jesús: acostar-se i donar la mà a aquells als qui la societat exclou.

Encara que el nostre temps no és el temps de Jesús, continuen existint persones pobres, marginades, malaltes, explotades…, persones que necessiten l'alegria de l'Evangeli de Jesús i algú que lluiti per a restituir-los la dignitat.

### BUSCO ALGO MÁS
Nico Montero

http://links.edebe.com/brdd6w

**FES + QUE** SENTIR…

- Quin frase es repeteix més al llarg de la cançó?
- I tu, què busques?

Consulta la definició de «vocació» en l'annex.

## ACTIVITATS

**4.** Elabora una llista amb les cinc qualitats o capacitats que creus que hauria de tenir avui un deixeble de Jesús.

**5.** Llegeix el text de Mt 25,14-30 i després mira el vídeo que actualitza aquesta paràbola:

http://links.edebe.com/kf5

a) Al teu parer, què poden representar els talents del text evangèlic o els sacs de monedes del vídeo?

b) Què hauria de fer un creient per a fer créixer els seus talents?

c) Creus que hi ha alguna relació entre talents i vocació? Justifica la resposta.

**6.** Per parelles, busqueu una persona que actualitzi la missió de Jesús amb la seva vida i el seu treball.

a) Redacteu una biografia breu en la qual es reculli a què dedica actualment la seva vida.

b) Justifiqueu breument per què se'l pot considerar un col·laborador o col·laboradora de la missió de Jesús.

— Presenteu als companys el vostre treball.

**7.** Llegeix el text de Lc 10,1-11, en què Jesús envia setanta-dos deixebles de dos en dos.

a) Quines recomanacions els dóna?

b) Quina missió els encomana?

# MARIA ÉS... MARE DE LA HUMANITAT

» Des de molt antic els cristians han invocat Maria com la Mare de Déu, la Mare de Jesús, la Mare de la humanitat. Adreçar-se a Maria com a Mare significa reconèixer-la com a dona que exerceix un paper principal en la vida, com aquella que des de la fe intercedeix per totes les necessitats dels seus fills i filles.

A la basílica de *Maria Auxiliadora* de Torí (Itàlia) hi ha el quadre que va fer pintar sant Joan Bosco. La Mare de Déu hi apareix amb el ceptre a la mà dreta i amb el Nen Jesús, amb els braços estesos, a l'esquerra. En el pla inferior, els apòstols i evangelistes i la ciutat de Torí.

Aquesta imatge ha estat difosa arreu del món per mostrar la devoció dels creients en Maria com a Auxiliadora.

El santuari de *Nostra Senyora de Sheshan*, a Xangai, és el santuari cristià més gran de l'Àsia oriental. Hi ha una estàtua de la Mare de Déu sostenint el Nen Jesús que, amb els braços oberts, en actitud de benedicció, sembla una gran creu sobre tota la Xina.

Maria Auxiliadora dels Cristians és venerada a tota la Xina i a totes les comunitats xineses del món.

 http://links.edebe.com/58z3

 http://links.edebe.com/h9n34i

«Déu vos salve,
Reina i Mare de misericòrdia,
vida, dolcesa i esperança nostra;
Déu vos salve...»

**MARIA AUXILIADORA DELS CRISTIANS**
http://links.edebe.com/5qjq7v

- Fixa't com es presenta la figura del Nen Jesús en cadascuna de les imatges. Què et suggereixen?
- Analitza la pregària completa de la *Salve* que trobaràs en l'annex i identifica-hi les quatre parts en què es pot dividir: Salutació – Presentació – Petició – Coda.
    http://links.edebe.com/c97q9
- Escolta la cançó *Diario de María*, de Martín Valverde, que fa referència a l'experiència que va viure Maria com a Mare de Jesús. Segons la teva opinió, per què Maria es pot considerar Mare de la humanitat?
    http://links.edebe.com/p9p2

Vora la creu de Jesús hi havia la seva mare, la germana de la seva mare, Maria, muller de Cleofàs, i Maria Magdalena.

Quan Jesús veié la seva mare i, al costat d'ella, el deixeble que ell estimava, digué a la mare: «Dona, aquí tens el teu fill». Després, digué al deixeble: «Aquí tens la teva mare». I d'aleshores ençà el deixeble la va acollir a casa seva.

Jn 19,25-27

# SÍNTESI

- Per a resumir la unitat, traça el teu mapa mental. Aquí en tens un exemple que pots completar.

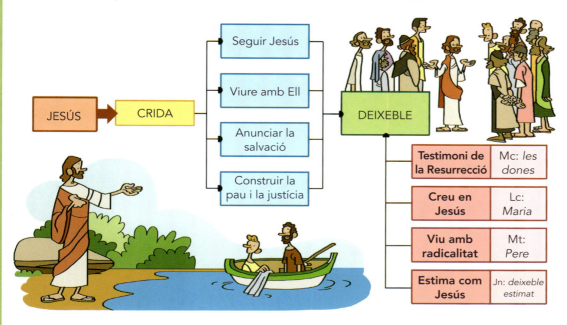

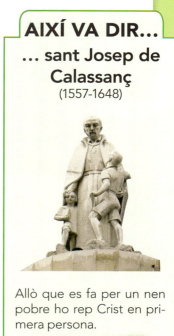

## AIXÍ VA DIR...
### ... sant Josep de Calassanç
(1557-1648)

Allò que es fa per un nen pobre ho rep Crist en primera persona.

Vols saber-ne més sobre aquest personatge? (pàg. 89)

## AVALUACIÓ COMPETENCIAL

Com a avaluació d'aquesta unitat et proposem la creació d'un relat utilitzant el gènere literari anomenat «evangeli», però en aquest cas adreçat als joves del segle XXI. Bàsicament, el gènere literari «evangeli» pretén informar sobre Jesús mitjançant narracions d'episodis en els quals Ell és el protagonista.

1. Per a documentar-te, consulta la taula «La crida de Jesús en els Evangelis» (pàg. 47) i torna a llegir les diverses crides que realitza Jesús per a formar una comunitat que col·labori en la seva missió.

2. Extreu idees de les diverses crides i organitza-les. Respondre preguntes com aquestes t'hi ajudarà: com fa Jesús aquestes crides? En què consisteix la missió per a la qual crida? Com li responen?...

3. Per a traslladar als nostres dies les idees de fons que has recollit, primerament fes una «pluja d'idees», sense descartar-ne cap de moment, de manera que flueixi la teva creativitat. Anota totes les situacions que se t'acudeixin. Tot seguit, tria la millor per a desenvolupar-la després.

4. Utilitzant el gènere literari «evangeli», relata un episodi en què avui Jesús podria cridar els joves del segle XXI. Pensa com ho faria, on es trobaria amb ells, quina proposta els faria, que li respondrien ells…

5. Per acabar, respon aquesta pregunta: hi ha algú, proper a tu o que coneguis per un altre motiu, que et sembla que hagi respost a la crida que Jesús fa en «el teu passatge» de l'Evangeli del segle XXI? Qui? Per què?

51

# 6

# SER CRISTIÀ ÉS VIURE EN PLENITUD

**Què significa viure com Jesús?**

En la vida d'una persona sempre hi ha algú que ha marcat la seva manera de ser. Sovint, les persones que més influeixen en la nostra vida, a part dels nostres pares, acostumen a ser persones a qui fem importants per la seva coherència de vida, per la seva manera de pensar o de dir les coses, per la seva manera peculiar de ser, per la seva paciència infinita amb nosaltres, per motius que només entén el nostre cor.

Quan una persona fa experiència del que significa Jesús de Natzaret en la seva vida, tot en ella queda transformat: allò que sent, allò que pensa, allò que expressa, allò que fa... Desitja viure com va viure Jesús, estimant tothom que és al seu voltant i contemplant la vida des d'aquesta perspectiva seva de tendresa i misericòrdia.

1. La persona, un ésser en construcció
2. Una manera nova de viure
3. És important estimar bé

**APRÈN A...** ANALITZAR UN SIGNE DE JESÚS

**RUTINA DE PENSAMENT**
TITULARS

- Observa la imatge. Si aquesta imatge aparegués a la portada d'un diari, quin titular li posaries? Per què?
- Poseu en comú els titulars i dialogueu entre tota la classe sobre els motius per triar-ne un o un altre.

# 1. LA PERSONA, UN ÉSSER EN CONSTRUCCIÓ

**INSIDE OUT**

http://links.edebe.com/wwg

**FES + QUE** MIRAR...

- Quines emocions són les que guien la teva vida: l'alegria, la tristesa, la por, el fàstic o la ira?
- Quins records són els que marquen la teva vida?

» Som éssers racionals o emocionals? La raó i l'emoció formen part d'aquest tot que és l'ésser humà. La relació estreta entre allò racional i allò emocional és el que fa de la persona un ésser amb infinites possibilitats d'expressió, de creació i de creixement.

## 1.1. UN MÓN DE PENSAMENTS

La **ment** té un valor essencial en tota activitat humana i influeix d'alguna manera en qualsevol manifestació humana. Il·lumina i posa ordre en les nostres accions i reaccions.

Els **conceptes** o les **idees**, com a representacions mentals de la realitat, es formen per mitjà del coneixement. La **representació mental** que cadascú elabora és una **imatge** d'allò que existeix. La veritat consisteix en l'adequació entre la representació mental i la realitat. La nostra reacció davant del món real es produeix en la ment. La realitat ens afecta en la mesura en què la concebem mentalment.

**Pensament i personalitat** estan estretament relacionats i s'influeixen mútuament. Som allò que pensem i pensem influïts per com som.

> Als humans no els pertorben les coses, sinó la representació mental que se'n formen.
>
> Epictet

> Tots tendim a pensar que veiem les coses tal com són, que som objectius. Però no és així. Veiem el món no tal com és, sinó com som nosaltres o com se'ns ha condicionat perquè el vegem.
>
> Stephen Covey

> Dir que algú és massa sensible és qualificar-lo negativament. Al qui és molt intel·ligent se l'anomena geni; al qui és molt sensible se l'anomena sensibler.
>
> Santos Guerra

## 1.2. UN UNIVERS D'EMOCIONS

Les **emocions** configuren la personalitat, la manera com es valoren les persones a si mateixes i als altres, i la manera d'expressar els desitjos i d'actuar. Tota decisió o percepció humana està influenciada per l'emoció.

Les emocions són **funcions cerebrals complexes** que donen un **to afectiu** determinat a la persona. Tenen un component corporal, un altre de cognitiu i un altre de conductual; des d'un altre punt de vista, també tenen un component natural o innat i un altre d'après o d'adquirit. Les emocions no són fixes, sinó que van canviant al llarg de la vida.

Les emocions poden ser molt **primàries** i bàsiques, però també poden ser molt **elaborades**. En principi, no són ni negatives ni positives, i són presents en totes les reaccions i respostes humanes. Influeixen directament en l'**autoconcepte** i en l'**autoestima** de la persona.

La manera com una persona veu i entén el món està condicionada per les seves emocions. Aquestes influeixen en la manera com cada persona combina la **sensibilitat**, el **coneixement** i l'**acció**, i en la manera com es vincula a altres persones i a la realitat.

**ACTIVITATS**

1. Elabora una definició de *pensament* i una altra d'*emoció*.
   a) Quin dels dos creus que influeix més en el comportament? Quin valora més la societat actual?
   b) Com influeix en cadascun d'ells l'educació que rep una persona?
2. Tria un dels textos del marge esquerre i comenta'l amb un company. Resumiu la vostra reflexió amb una frase.
3. Elabora un mapa mental que reculli els continguts desenvolupats en aquesta pàgina.

## 1.3. LA LLIBERTAT DE TRIAR

La **llibertat** és una dimensió essencial de la conducta humana. És font de dignitat i de respecte, ja que ens permet arribar a ser autors de la nostra història i amos de nosaltres mateixos.

Les persones són **responsables de la seva conducta** i, de vegades, poden estar influenciades per les emocions o per factors psíquics o socials.

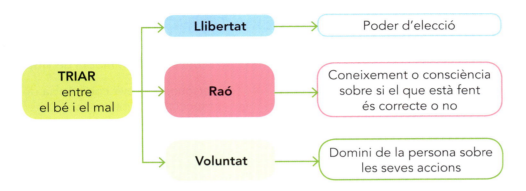

L'activitat humana és bona quan coopera de manera directa o indirecta en la **realització de l'ésser humà** i en la **recerca del bé comú**.

Quan es parla de **bé moral** s'està parlant de **bé humà**, del bé que fa les persones més lliures, més propietàries de si mateixes, i que promou el bé dels altres.

Els **valors** d'una persona guien i assenyalen les fites i els ideals que es volen aconseguir. És molt important que aquests valors no siguin teòrics, sinó una cosa coneguda, volguda i assumida per la persona.

Per aprendre a **jutjar correctament** entre el bé i el mal, la persona ha de ser conscient de quina és la seva manera d'entendre la realitat i de relacionar-s'hi, des del pla mental i emocional.

### ACTIVITATS

**4. Treball cooperatiu:** En grups de cinc:
 a) Trieu un dels enllaços que es mostren a continuació i fixeu-vos en quina informació ofereixen.
 - ONG Ajuda en Acció i ONG Maiti Nepal: Campanya «Treu-los del mercat»
   http://links.edebe.com/ejfkd
 - Salesians a Togo: Documental «Jo no sóc bruixa»
   http://links.edebe.com/se6x
 - Pedro Sosa, metge i cantautor solidari: «Canciones para la solidaridad»
   http://links.edebe.com/cubs
 - Adela Cortina: «Som el nostre cervell?»
   http://links.edebe.com/ikme
 - Howard Gardner: «Una mala persona mai no arriba a ser un bon professional»
   http://links.edebe.com/6fjx92
 b) Valoreu quina idea transmeten sobre l'ús de la raó, de les emocions i de la llibertat.
 c) Exposeu la vostra opinió sobre els aspectes que més us hagin cridat l'atenció.

---

### EL CAVALLER DE L'ARMADURA ROVELLADA

http://links.edebe.com/jbk3

#### FES + QUE LLEGIR...

- Algunes persones, en comptes d'afrontar les dificultats, es construeixen una armadura per a protegir-se. Què fas quan et trobes davant d'una dificultat?
- La por impedeix actuar amb llibertat. De què tens por? Què més t'impedeix de vegades actuar amb llibertat?

La **llibertat** és el poder que Déu ens ha regalat per a poder actuar per nosaltres mateixos; qui és lliure ja no actua determinat per un altre.

*Youcat, 286*

L'home és **responsable** de tot allò que fa conscientment i per voluntat pròpia.

*Youcat, 288*

L'exercici de la llibertat és un **dret** original de la dignitat humana; la llibertat de l'individu només pot ser limitada per les lleis civils quan mitjançant l'exercici de la seva llibertat lesioni la dignitat i la llibertat dels altres.

*Youcat, 289*

## 2. UNA NOVA MANERA DE VIURE

CARL HEINRICH BLOCH, *DEIXEU QUE ELS NENS SE M'ACOSTIN* (1870).

» La grandesa de Jesús rau en el fet que, sent el Fill de Déu, es va fer home. La seva humanitat va fer Déu accessible i proper per a totes les persones. La seva manera de viure com a Fill va ser un exemple de què significa realment viure com a fills i filles de Déu.

### 2.1. JESÚS, UN EXEMPLE PER A TOTHOM

Les paraules i els gestos de Jesús no tan sols van mostrar el **rostre d'un Déu que és Pare** ric en misericòrdia sinó que també es van convertir en **un model de vida**.

L'estil de vida de Jesús és el referent de moltes persones. La seva **coherència** de vida, la seva **opció radical** per les persones —i especialment pels més pobres i necessitats— i la seva **llibertat** en el que deia i en el que feia han estat un model d'humanitat plena per a moltes persones.

Jesús és el Senyor de la Vida, és el Fill de Déu que venç la mort, és qui encoratja l'esperança. Però, a més, Jesús també és l'**home lliure i plenament humà,** que ofereix a la humanitat una nova manera de viure.

L'Evangeli de Lluc recull unes paraules que Jesús adreça als seus deixebles a manera d'ensenyament i que són una síntesi d'aquest **nou estil de vida**.

---

**OPCIÓ PELS POBRES**

Jesús reclama la dignitat justa i la felicitat dels pobres i exclosos. Denúncia amb valentia l'abús dels rics i dels poderosos.

«Feliços els pobres: és vostre el Regne de Déu!».
Lc 6,20b

---

**AMOR ALS ENEMICS**

Amb Jesús, l'antiga llei del talió («ull per ull, dent per dent») queda totalment superada. Si una cosa distingeix els seguidors de Jesús és l'amor i el perdó.

«Però vosaltres, estimeu els vostres enemics, feu bé i presteu sense esperar res a canvi».
Lc 6,35a

---

**SER MISERICORDIÓS**

Jesús convida a no jutjar els altres, a no ser hipòcrites denunciant els errors dels altres sense ser capaços de reconèixer els propis, a ser misericordiosos com ho és Déu.

«Com és que veus la brossa a l'ull del teu germà i no t'adones de la biga que hi ha en el teu?».
Lc 6,41

---

**COHERÈNCIA DE VIDA**

Qui segueix Jesús, no només ha d'escoltar els seus ensenyaments. Sobretot ha de posar-los en pràctica, convertir-los en norma de vida per a vèncer totes les adversitats.

«Per què em dieu "Senyor, Senyor", i no feu el que jo dic?».
Lc 6,46

---

**ACTIVITATS**

**5.** Llegeix els textos següents i completa la taula: Mt 23,25-28 – Lc 21,1-4 – Mt 18,21-22 – Jn 9,1-7

| Citació | A qui s'adreça Jesús? | Què denuncia? | Quina alternativa de vida ofereix? |
|---|---|---|---|
| ... | Pere | ... | Amor als enemics |
| ... | ... | ... | ... |
| Mt 23,25-28 | ... | Hipocresia | Coherència de vida |
| ... | ... | ... | ... |

## 2.2. ELS CRISTIANS, PERSONES DE BON COR

Una vegada, un mestre de la llei va voler posar a prova Jesús i li va preguntar què havia de fer per a heretar la vida eterna. Ell mateix es va donar la resposta perquè la llei jueva ja recollia aquest **manament** fonamental.

> Ell va respondre: «Estima el Senyor, el teu Déu, amb tot el cor, amb tota l'ànima, amb totes les forces i amb tot el pensament, i estima els altres com a tu mateix».
>
> Lc 10,27

Jesús va aprofitar l'ocasió per a explicar, amb la **paràbola del bon samarità,** que els seus seguidors són persones de **bon cor,** perquè saben que Déu és el Pare de tots.

Els cristians actuen com el bon samarità quan en el camí de la vida, en les persones que pateixen o estan ferides, hi descobreixen el **proïsme**. Per això:

- **No passen de llarg** davant les necessitats dels altres.
- Actuen posant **abans la vida** de les persones que les lleis.
- Senten **compassió** davant les necessitats dels altres.
- **Donen tot** el que tenen per la cura dels altres.

> «Un home baixava de Jerusalem a Jericó i va caure en mans d'uns bandolers, que el despullaren, l'apallissaren i se n'anaren deixant-lo mig mort.
>
> Casualment baixava per aquell camí un sacerdot; quan el veié, passà de llarg per l'altra banda. Igualment un levita arribà en aquell indret; veié l'home i passà de llarg per l'altra banda.
>
> Però un samarità que anava de viatge va arribar a prop d'ell, el veié i se'n compadí. S'hi acostà, li amorosí les ferides amb oli i vi i les hi embenà; després el pujà a la seva pròpia cavalcadura, el dugué a l'hostal i se'n va ocupar. L'endemà va treure's dos denaris i els va donar a l'hostaler dient-li: "Ocupa't d'ell i, quan jo torni a passar, et pagaré les despeses que facis de més".
>
> Quin d'aquests tres et sembla que es va comportar com a proïsme de l'home que va caure en mans dels bandolers?».
>
> Lc 10,30-36

### CADENA DE FAVORS INFINITA

http://links.edebe.com/36fr

### FES + QUE LLEGIR...

- Quan algú necessita la teva ajuda, de què depèn que l'ajudis?
- Imagina't com seria un món en què les persones s'ajudessin sense demanar res a canvi.

## ACTIVITATS

6. Per parelles, penseu en una situació en la qual algú hagi requerit ajuda i no l'hagi rebut. Responeu:

   a) Per què ningú ha ajudat aquesta persona (o persones)?

   b) Està bé negar l'ajuda a qui la necessita? Per què?

   c) Penseu en els grups humans que actualment necessiten ajuda i ningú els n'ofereix. Què s'hauria de fer per a posar fi a aquesta situació injusta?

7. Pensa en algú que consideris una «persona de bon cor».

   a) Digues tres característiques que la defineixen i la diferencien dels altres.

   b) Podria qualificar-se de «bon samarità»? Justifica la resposta.

8. Mira el vídeo següent:

   http://elviajedesuvida.es/

   a) Com et sentiries si estiguessis en aquesta situació?

   b) Què pots fer per denunciar o solucionar aquesta situació?

## 3. ÉS IMPORTANT ESTIMAR BÉ

**L'AMOR**
Ricardo Montaner

http://links.edebe.com/e3sm5u

**FES + QUE** VEURE...

- L'amor és alguna cosa més que un sentiment?
- Com es pot mesurar o valorar l'amor d'una persona?
- Què estaries disposat a fer per amor?

» Hi ha una necessitat humana que és clau per a aconseguir la felicitat: la necessitat d'estimar i ser estimat. I qui no ha experimentat que el camí de l'amor és ple d'encontres i de desencontres, de passió i de renúncia?

### 3.1. APRENDRE A ESTIMAR

Alguna vegada has sentit que l'amor és **alguna cosa més que un sentiment?** Segur que sí. És cert que moltes vegades mostrem més afecte cap a unes persones que cap a unes altres, que la relació fraterna, d'amistat o amorosa, moltes vegades no segueix **cap raó lògica**. Però també és cert que l'amor és un **aprenentatge** que dura tota la vida i que en ampliar-lo més enllà de les persones a qui estimem de manera espontània, la nostra humanitat creix i es fa fecunda.

En les cartes de sant Pau trobem una definició del **veritable amor** i les seves qualitats:

> El qui estima és pacient, és bondadós; el qui estima no té enveja, no és altiu ni orgullós, no és groller ni egoista, no s'irrita ni es venja; no s'alegra de la mentida, sinó que troba el goig en la veritat.
>
> Tot ho excusa, tot ho creu, tot ho espera, tot ho suporta.
>
> L'amor no passarà mai.
>
> 1Co 13,4-8a

### 3.2. ESTIMAR DE MANERA INTEL·LIGENT

En l'actualitat es parla d'**intel·ligència emocional** per a expressar la capacitat humana que permet conèixer els sentiments propis i dels altres.

Daniel Goleman, psicòleg nord-americà que va popularitzar aquest concepte, afirma que la intel·ligència emocional se sustenta en altres capacitats que la persona ha de desenvolupar i que aquestes **capacitats** estan estretament relacionades entre si.

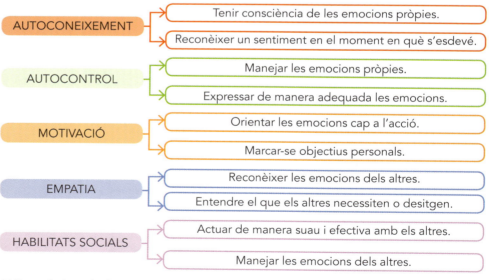

| | |
|---|---|
| AUTOCONEIXEMENT | Tenir consciència de les emocions pròpies. |
| | Reconèixer un sentiment en el moment en què s'esdevé. |
| AUTOCONTROL | Manejar les emocions pròpies. |
| | Expressar de manera adequada les emocions. |
| MOTIVACIÓ | Orientar les emocions cap a l'acció. |
| | Marcar-se objectius personals. |
| EMPATIA | Reconèixer les emocions dels altres. |
| | Entendre el que els altres necessiten o desitgen. |
| HABILITATS SOCIALS | Actuar de manera suau i efectiva amb els altres. |
| | Manejar les emocions dels altres. |

Al llarg de la vida, la persona té l'oportunitat d'**aprendre a estimar d'una manera més humana, per mitjà de les experiències i les relacions interpersonals.** Si la persona treballa aquestes capacitats, totes les experiències (les bones i les dolentes) poden ajudar-la a **créixer** en la capacitat d'estimar i ser estimada.

58

## 3.3. VIURE EN FAMÍLIA

La persona és cridada a **viure en relació**. Les relacions que estableix al llarg de la vida marquen la seva manera de ser, d'actuar i de viure. La família és el nucli principal en què la persona es desenvolupa.

En l'actualitat, el **model de família** ha canviat, i no n'existeix un únic model. Quan es parla de família cada persona pren com a referència la seva pròpia família.

El papa Francesc afirma que «la família és la **primera escola** dels valors humans, en la qual s'aprèn el bon ús de la llibertat». Allò que un aprèn des de petit en la família queda marcat en la seva història personal per sempre. En la família «s'aprèn a col·locar-se davant de l'altre, a escoltar, a compartir, a suportar, a respectar, a ajudar, a conviure». És l'escola en la qual aprenem a **conviure amb els altres.**

La família, com tota realitat humana, no és perfecta. Cadascun dels seus membres té els seus límits, però els lligams de l'**amor veritable** i el **reconeixement mutu** fan que siguin possibles el respecte, el perdó i la confiança incondicional.

### AMORIS LAETITIA

Exhortació postsinodal del papa Francesc

Vídeo introductori:
http://links.edebe.com/5k43e

Text:
http://links.edebe.com/7nictd

### FES + QUE LLEGIR...

- Què significa per a tu la família? Defineix-la amb tres paraules.
- Quin paper té la família en el procés d'aprendre a estimar?

Experimentar una emoció no és una cosa moralment bona ni dolenta en si mateixa. Començar a sentir desig o rebuig no és pecaminós ni reprotxable. El que és bo o dolent és l'acte que un realitzi mogut o acompanyat per una passió. Però si els sentiments són promoguts, buscats i, per la seva causa, cometem males accions, el mal està en la decisió d'alimentar-los i en els actes dolents que se'n segueixin. En la mateixa línia, sentir gust per algú no significa per si sol que això sigui un bé. Si amb aquest gust jo busco que aquesta persona es converteixi en la meva esclava, el sentiment estarà al servei del meu egoisme. Creure que som bons només perquè «sentim coses» és un engany terrible. Hi ha persones que se senten capaces d'un gran amor només perquè tenen una gran necessitat d'afecte, però no saben lluitar per la felicitat dels altres i viuen tancats en els seus propis desitjos. En aquest cas, els sentiments distreuen dels grans valors i oculten un egocentrisme que no fa possible conrear una vida sana i feliç en família.

Papa Francesc, *Amoris Laetitia*, 145.

## ACTIVITATS

**9.** A partir del text de 1Co 13,4-8a, elabora un núvol de paraules que expressi què és l'amor per a tu. Pots afegir-hi altres paraules que consideris importants.

**10. Treball cooperatiu:** Per parelles, formuleu aquestes qüestions a persones del vostre entorn familiar:

a) Quin valor dónes a la família en la teva vida? Quin valor dónes a l'amistat? (valora del 0 al 10)

b) Quins tres valors aporta la família en la teva vida?

c) Quins dos valors t'agradaria trobar en la teva família?

— Tabuleu les respostes segons les franges d'edat següents i comenteu-ne els resultats:

| 6 a 12 | 13 a 18 | 19 a 30 | més de 30 |
|---|---|---|---|
| ... | ... | ... | ... |

 Consulta la definició d'«egocentrisme» en l'annex.

**11.** Pensa en una relació personal en la qual hagis tingut dificultats.

a) Com et vas sentir? Com creus que es van sentir les altres persones? Quines capacitats de la intel·ligència emocional van entrar en joc?

b) Segons el text d'*Amoris Laetitia*, 145, com valoraries aquesta experiència?

c) Comparteix la teva reflexió amb un company o companya. Valoreu si la resposta us sembla la més adequada. En cas contrari, busqueu junts una proposta que sigui més humana.

## APRÈN A... ANALITZAR UN SIGNE DE JESÚS

Segons els Evangelis, Jesús no es limita a ensenyar de paraula, sinó que ho fa amb **fets** a favor de les persones pobres, marginades, malaltes, etc. En els Evangelis, aquests actes reben el nom de **signes**.

Els Evangelis recullen molts d'aquests signes: **guaria** persones que no hi podien veure o que no podien caminar, **alliberava** persones que patien a causa del mal en les seves vides, **actuava sobre forces** de la natura i fins i tot, de vegades, **retornava la vida** a qui l'havia perdut.

Ja que els signes de Jesús es troben íntimament relacionats amb els seus ensenyaments, és important que ens acostem al seu significat. Com a exemple, analitzarem el signe en què **Jesús dóna menjar a cinc mil**, anomenat també primera **multiplicació dels pans**. Has de buscar-lo a Mc 6,30-44.

### MÈTODE

1. **Situar** el signe dins de l'Evangeli per comprendre'n millor la intenció.

2. **Buscar relats paral·lels** del mateix signe:
   – En el mateix Evangeli (Mc).
   – En els altres Evangelis (Mt, Lc i Jn).

3. **Interpretar el significat** del signe, ja que sempre està carregat de símbols.

### APLICACIÓ

- En l'Evangeli de Marc, la primera multiplicació dels pans se situa just després del relat de la **mort de Joan Baptista** (Mc 6,14-29).
  a) Quina importància té Joan Baptista en l'inici de la missió de Jesús?
  b) Què pot significar que aquest gran signe davant d'una multitud se situï després de la mort de Joan Baptista?
- Aquest passatge és dins d'una secció de Mc (capítols 6, 7 i 8) que se sol anomenar **«secció dels pans»**. Busca referències als pans en aquests capítols.

- Llegeix Mc 6,30-44 i compara'l amb Mc 8,1-10 (segona multiplicació).
  a) La primera multiplicació se situa a Galilea, en territori jueu; la **segona**, fora del país dels jueus. Quin significat dónes a aquest detall?
- Busca els relats paral·lels en **els altres Evangelis**: Mt 14,13-21; Lc 9,10-27; Jn 6,1-13.
  a) Quin relat s'assembla més al de Mc 6,30-44? En quins detalls?
  b) Quin altre Evangeli, a més de Mc, relata una segona multiplicació?

- Els **nombres** en la tradició jueva sempre inclouen un significat simbòlic. Si el número 12 significa totalitat, què deuen significar les dotze cistelles de les sobres? Per a qui és el missatge de Jesús?
- L'**aliment** que la multitud necessita i que Jesús reparteix no és només material. Busca detalls que ho demostrin. Per què aquest aliment no es pot comprar?
- Abans de realitzar una guarició, Jesús sempre demana que el malalt **aporti** alguna cosa, com proclamar la seva fe. En aquest signe, què demana als apòstols?
- L'escena se situa en un **lloc despoblat**, i això ens remet a la travessia del desert, quan Déu alimenta el seu poble després de la sortida d'Egipte.
- Fixa't en els **gestos de Jesús** amb els pans i els peixos. Quina escena dels seus últims dies et recorda? A quin sagrament cristià fa referència?

# SÍNTESI

- Per a resumir la unitat, traça el teu mapa mental. Aquí en tens un exemple que pots completar.

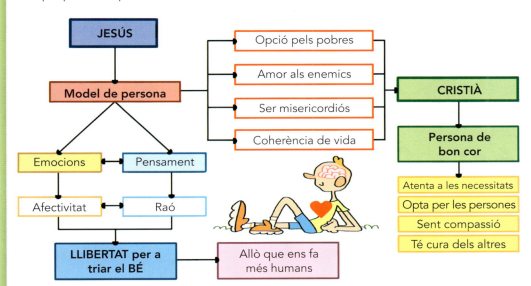

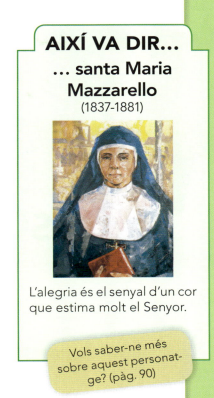

## AIXÍ VA DIR…
### … santa Maria Mazzarello
(1837-1881)

L'alegria és el senyal d'un cor que estima molt el Senyor.

Vols saber-ne més sobre aquest personatge? (pàg. 90)

## AVALUACIÓ COMPETENCIAL

L'avaluació competencial d'aquesta unitat consistirà a resoldre un dilema moral. El dilema moral és un cas-problema en què es planteja un conflicte de valors amb diverses solucions possibles. La solució que triïs i la reflexió sobre les raons de la teva elecció són el més important.

Has estudiat com pensa i actua Jesús davant de problemes que se li plantegen. Hauries de ser capaç, davant d'un dilema moral, de resoldre'l emprant els criteris que has vist que Jesús tindria i de contrastar aquests criteris amb el que tu penses, traient-ne conclusions sobre quina és la manera més humana de procedir.

1. Tria un dilema moral. Pots buscar-los pel teu compte o pot ser que te n'ofereixi una llista el professor. També en pots triar un dels que apareixen en aquesta pàgina: http://links.edebe.com/hnh

    — En qualsevol cas, procura que sigui un dilema que t'exigeixi posar en joc els teus coneixements i la reflexió.

2. Defineix clarament les diverses alternatives i esbrina si és possible trobar-ne una altra. A continuació, motiva-les totes, una per una, com si realment les anessis triant.

3. Repassa les motivacions que has donat i cerca en les teves argumentacions algun ressò de la doctrina o l'actuació de Jesús, segons el que has vist al llarg de tota l'ESO. Tria una de les alternatives com la que creus que triaria Jesús i argumenta l'opció.

4. Compara aquesta opció amb la que tu triaries segons la teva manera habitual de pensar. En quin grau coincideixen? Per què? Argumenta les coincidències i les divergències.

61

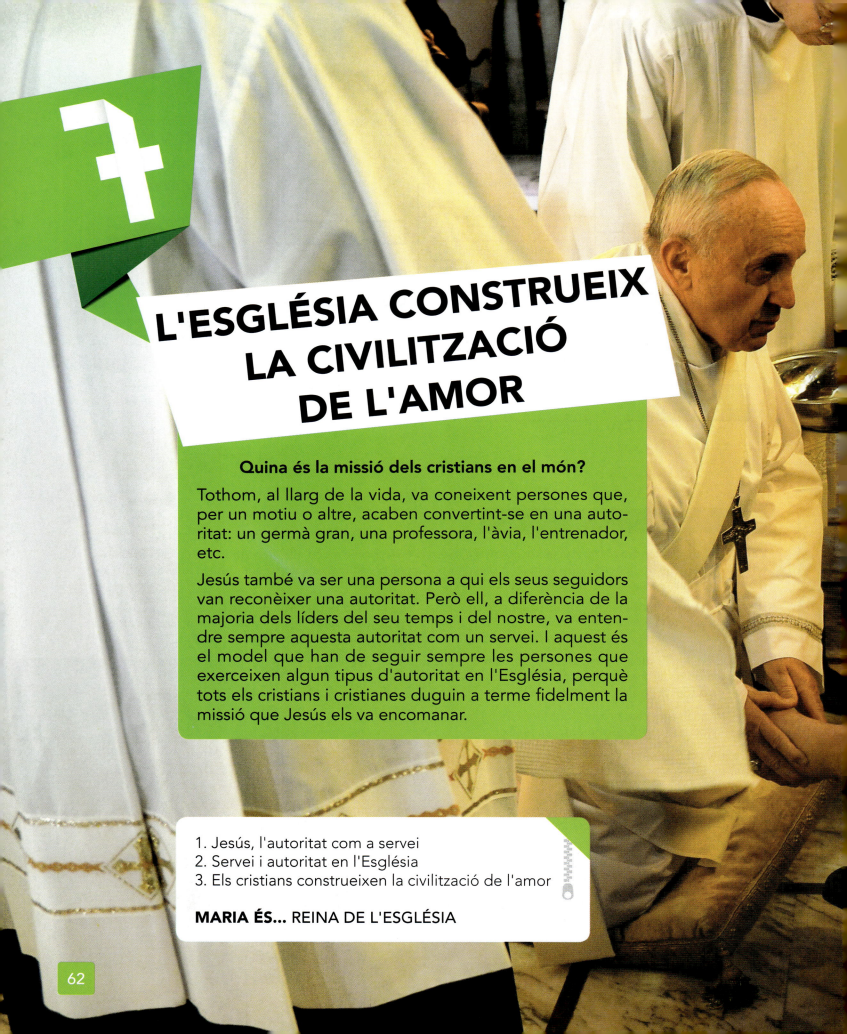

# L'ESGLÉSIA CONSTRUEIX LA CIVILITZACIÓ DE L'AMOR

**Quina és la missió dels cristians en el món?**

Tothom, al llarg de la vida, va coneixent persones que, per un motiu o altre, acaben convertint-se en una autoritat: un germà gran, una professora, l'àvia, l'entrenador, etc.

Jesús també va ser una persona a qui els seus seguidors van reconèixer una autoritat. Però ell, a diferència de la majoria dels líders del seu temps i del nostre, va entendre sempre aquesta autoritat com un servei. I aquest és el model que han de seguir sempre les persones que exerceixen algun tipus d'autoritat en l'Església, perquè tots els cristians i cristianes duguin a terme fidelment la missió que Jesús els va encomanar.

1. Jesús, l'autoritat com a servei
2. Servei i autoritat en l'Església
3. Els cristians construeixen la civilització de l'amor

**MARIA ÉS...** REINA DE L'ESGLÉSIA

## RP

### RUTINA DE PENSAMENT

PRINCIPI, MIG, FINAL

- Observa atentament la fotografia durant 30 segons.
  — Imagina't que aquesta imatge és l'inici d'una història. Què creus que podria esdevenir-se a continuació?
  — Ara, imagina't que és de la meitat de la història. Què podria haver succeït abans? Què podria succeir després?
  — Finalment, imagina't que és el final de la història. Com seria la història?

# 1. JESÚS, L'AUTORITAT COM A SERVEI

**«AMANDO HASTA EL EXTREMO»**

Maite López

http://links.edebe.com/48sbcp

**FES + QUE** ESCOLTAR...

- Per què creus que la cançó parla de les «entranyes de dona» tant de Jesús com dels seus seguidors?
- Explica l'oposició que estableix entre «demanar» i «donar» i relaciona-la amb algun episodi de la vida de Jesús.

» Jesús ensenyava i actuava amb autoritat: així ho mostren els testimoniatges dels deixebles. Ara bé, la seva autoritat va anar sempre dirigida a ajudar i servir els altres.

## 1.1. JESÚS ENSENYA I ACTUA AMB AUTORITAT

En l'època de Jesús, l'**autoritat** estava unida al **poder** i al **prestigi**, i només l'exercien els qui descendien de **famílies importants** (com les famílies sacerdotals) o aquells a qui s'havia atorgat algun **càrrec polític** d'importància (com els reis, governadors, etc.).

Per això als seus contemporanis els resultava estrany veure i escoltar com **Jesús,** el fill del fuster de Natzaret, parlava i actuava amb una **autoritat diferent.**

> Quan Jesús acabà aquests ensenyaments, la gent va quedar admirada de la seva doctrina, perquè els ensenyava amb autoritat i no com ho feien els mestres de la Llei.
>
> Mt 7,28-29

JAMES ENSOR, *CRIST CALMANT LA TEMPESTA* (1910).

> Jesús pujà a la barca, i els seus deixebles van anar amb ell. Tot d'una es va aixecar una gran tempesta en el llac, fins al punt que les onades cobrien la barca. Però Jesús dormia. Ells van anar a despertar-lo i li deien: «Senyor, salva'ns, que ens enfonsem!». Ell els diu: «Per què sou tan covards, gent de poca fe?». Llavors es va aixecar, va increpar els vents i l'aigua, i seguí una gran bonança. Aquells homes, admirats, deien: «Qui és aquest, que fins els vents i l'aigua l'obeeixen?».
>
> Mt 8,23-27

Els qui escoltaven i seguien Jesús **s'admiraven** que ensenyés i actués amb tanta autoritat. Però, sobretot, allò que més sorprenia era que Jesús no exercia aquesta autoritat per a imposar-se o per a coaccionar-los mostrant la seva superioritat, sinó per a ensenyar-los i per a **alliberar-los de les pors,** dels prejudicis i dels egoismes.

### Autoritat i poder

*Autoritat* és una paraula que procedeix del llatí *auctoritas*, l'arrel de la qual és *auctor*, és a dir, el qui crea i ajuda alguna cosa o algú a desenvolupar-se. Per això l'autoritat es refereix a qui té alguna capacitat o qualitat que **suscita reconeixement** en els altres.

De vegades es confon l'autoritat amb el **poder,** però no són el mateix. El terme *poder* ve del llatí *potestas*, que es refereix a la força o la capacitat que se li atorga a algú en virtut de la qual **pot imposar-se** als altres.

**ACTIVITATS**

1. Fixa't bé en la distinció entre *poder* i *autoritat*. Si cal, consulta altres definicions d'aquests mots.

    a) Elabora una llista de les persones que, d'una manera o una altra, tenen poder sobre tu i explica, en cada cas, per què en tenen.

    b) Elabora una altra llista de les persones a qui consideres una autoritat. Quins trets caracteritzen aquestes persones?

    c) Hi ha algú que aparegui en les dues llistes?

## 1.2. PER A JESÚS, L'AUTORITAT ÉS SERVIR I ESTIMAR

En els Evangelis trobem narrades algunes converses de Jesús amb els deixebles en les quals comprovem que difícil que els va resultar **entendre qui era Jesús**.

És molt significatiu el relat de Mt 20,20-28, en què alguns apòstols demanen a Jesús **ocupar els llocs de poder** en el seu regne. Davant d'aquesta petició, Ell els insisteix que per a ser el més gran i el primer cal fer-se humil i petit i **posar-se al servei** dels altres. Això és el que ha fet Ell, i per tant és el que els correspon fer als deixebles.

També en el **sopar de Pascua** o Últim Sopar, just abans de ser detingut i condemnat a mort, Jesús fa un gest bell i carregat de significat: Ell, el «Mestre» i el «Senyor», **renta els peus** als deixebles i els diu que seran feliços si ells fan el mateix amb els altres.

L'APÒSTOL JAUME VA DEMANAR A JESÚS OCUPAR UN LLOC DE PODER EN EL SEU REGNE.

> Després de rentar-los els peus, es va posar el mantell i s'assegué a taula altra vegada. Llavors els digué: «Enteneu això que us he fet? Vosaltres em dieu "Mestre" i "Senyor", i feu bé de dir-ho, perquè ho sóc. Si, doncs, jo, que sóc el Mestre i el Senyor, us he rentat els peus, també vosaltres us els heu de rentar els uns als altres. Us he donat exemple perquè, tal com jo us ho he fet, ho feu també vosaltres. Us ho ben asseguro: el criat no és més important que el seu amo, ni l'enviat més important que el qui l'envia. Ara que heu entès tot això, feliços de vosaltres si ho poseu en pràctica!».
>
> Jn 13,12-17

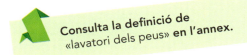

Consulta la definició de «lavatori dels peus» en l'annex.

**ACTIVITATS**

**2.** Completa aquestes frases amb paraules del text Mc 1,21-28.

Jesús ensenyava amb .......... i la gent estava .......... Aquest ensenyament no era com la dels .........., sinó que la gent el percebia com un ensenyament .......... Les seves accions van fer que la .......... de Jesús s'estengués per tota Galilea.

> Després van anar a Cafarnaüm. El dissabte, Jesús entrà a la sinagoga i ensenyava. La gent estava admirada de la seva doctrina, perquè els ensenyava amb autoritat i no com ho feien els mestres de la Llei. En aquella sinagoga hi havia un home posseït d'un esperit maligne, que es posà a cridar: «Per què et fiques amb nosaltres, Jesús de Natzaret? Has vingut a destruir-nos? Ja sé prou qui ets: el Sant de Déu!». Però Jesús el va increpar dient: «Calla i surt d'aquest home». Llavors l'esperit maligne el sacsejà violentament, llançà un gran xiscle i en va sortir. Tots quedaren molt sorpresos i es preguntaven entre ells: «Què és tot això? Una doctrina nova ensenyada amb autoritat! Fins i tot dóna ordres als esperits malignes i l'obeeixen!». I la seva fama s'estengué de seguida per tota la regió de Galilea.
>
> Mc 1,21-28

**3.** En temps de Jesús, rentar els peus abans dels àpats era una feina que feien els criats.

— Quins signes podria fer avui Jesús per a mostrar que els cristians han de ser servidors dels altres?

65

## 2. SERVEI I AUTORITAT EN L'ESGLÉSIA

**«EL PACIENTE DE LA VENTANA»**
Conte sobre la vocació de servei
http://links.edebe.com/38wks

**«EL PLACER DE SERVIR»**
Poema de Gabriela Mistral
http://links.edebe.com/zty9

**FES + QUE** LLEGIR...

- Per què creus que el pacient de la finestra descrivia el paisatge d'aquesta manera?
- A partir del poema de Gabriela Mistral, enumera diverses raons per les quals Déu podria ser anomenat «El qui serveix».

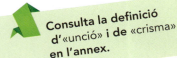
Consulta la definició d'«unció» i de «crisma» en l'annex.

» Seguint Jesús, els cristians entenen l'autoritat com un servei. En l'Església també s'exerceixen funcions diferents relacionades amb l'autoritat, però totes aquestes funcions estan animades per la voluntat de ser servidors dels altres.

### 2.1. L'AUTORITAT DE L'ESGLÉSIA

L'Església és cridada a exercir el tipus d'autoritat que va ensenyar Jesús, és a dir, **una autoritat que és servei.** I es compromet a exercir aquesta autoritat, però no ho fa a títol propi sinó en el nom de Jesucrist, que ha rebut del Pare «plena autoritat al cel i a la terra».

Al final de l'Evangeli de Mateu veiem com Jesús ressuscitat encarrega als seus deixebles **continuar amb la seva missió,** fent-los partícips fins i tot del seu «poder». Els seguidors de Jesús avui han de dur a terme aquesta missió i exercir-la amb la mateixa autoritat.

> Els onze deixebles se n'anaren a Galilea, a la muntanya que Jesús els havia indicat. En veure'l, el van adorar; abans, però, havien dubtat. Jesús s'acosta i els va dir: «He rebut plena autoritat al cel i a la terra. Aneu, doncs, a tots els pobles i feu-los deixebles meus, batejant-los en el nom del Pare i del Fill i de l'Esperit Sant i ensenyant-los a guardar tot allò que us he manat. Jo sóc amb vosaltres dia rere dia fins a la fi del món».
>
> Mt 28,16-21

### 2.2. TOT BATEJAT ÉS UNGIT «SACERDOT, PROFETA I REI»

Seguint el mandat de Jesús, l'Església bateja tots els seguidors i seguidores de Jesús. A la celebració del sagrament del Baptisme, un gest molt significatiu és la **unció amb el crisma,** que és un oli perfumat que ha estat beneït pel bisbe. Per la unció del Baptisme, tot batejat és incorporat a Crist i constituït, com Ell, **«sacerdot, profeta i rei».**

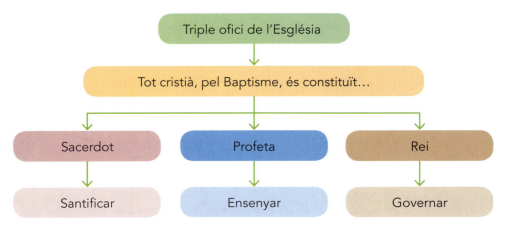

Com que aquestes tres funcions corresponen a **tots els cristians** pel Baptisme, de seguida sorgeix la pregunta següent: Com s'ha d'entendre la **funció de governar** amb autoritat en l'Església?

## 2.3. EL SERVEI DE GOVERNAR EN L'ESGLÉSIA

La constitució dogmàtica **Lumen Gentium,** del Concili Vaticà II, pot ajudar-nos a comprendre el sentit que té l'expressió «el servei de governar» aplicada als bisbes, com a successors dels apòstols i com a pastors de l'Església. I així mateix, el sentit que té quan s'aplica als laics.

Sobre la funció de governar dels **bisbes,** la Lumen Gentium diu:

> Els bisbes regeixen, com a vicaris i enviats de Crist, les Esglésies particulars que se'ls han encomanat, amb consells, amb exhortacions, amb exemples, però també amb autoritat i amb la potestat sagrada, que exerciten únicament per a edificar el seu ramat en la veritat i la santedat, tenint en compte que el que és més gran ha de fer-se com el més petit i el que ocupa el primer lloc com el servidor. [...]
> 
> Que el bisbe, enviat pel Pare de famílies a governar la seva família, tingui sempre davant dels ulls l'exemple del Bon Pastor, que va venir no pas a ser servit, sinó a servir i a donar la vida per les seves ovelles.
>
> Concili Vaticà II, Lumen Gentium, 27

Els bisbes són els pastors i els qui exerceixen l'autoritat pròpiament dita en l'Església. Aquesta **autoritat** els compromet a **servir** i a lliurar la seva vida als altres. Com a cooperadors dels bisbes, els **preveres** i els **diaques** participen en diferent grau de la seva autoritat i de la seva missió de governar l'Església.

Pel que fa als **laics,** la Lumen Gentium diu:

**LUMEN GENTIUM**
Text de la constitució dogmàtica sobre l'Església aprovada pel Concili Vaticà II.

http://links.edebe.com/ftqb

> Pel nom de laics s'entén aquí tots [...] els fidels cristians que, per estar incorporats a Crist mitjançant el Baptisme, constituïts en Poble de Déu i fets partícips a la seva manera de la funció sacerdotal, profètica i reial de Jesucrist, exerceixen en l'Església i en el món la missió de tot el poble cristià en la part que els correspon. [...]
>
> Als laics correspon, per pròpia vocació, tractar d'obtenir el regne de Déu gestionant els assumptes temporals i ordenant-los segons Déu. [...] Allí són cridats per Déu, perquè, exercint la seva pròpia professió guiats per l'esperit evangèlic, contribueixin a la santificació del món des de dins, com un ferment.
>
> Concili Vaticà II, Lumen Gentium, 31

Per tant, els laics estan cridats a desenvolupar la seva missió **en el món,** és a dir, a servir en la família, en el treball, en la societat, en la política, en l'economia..., perquè el món s'asssembli cada vegada més al regne de Déu inaugurat per Jesucrist.

## ACTIVITATS

4. Digues com pots ser un «servidor dels altres» o una «autoritat» en cadascun dels àmbits de la teva vida, per exemple: amb la família, amb els amics, a l'institut...

5. Torna a llegir els textos de la Lumen Gentium i extreu-ne dues paraules que identifiquin la missió dels bisbes en l'Església i unes altres dues que identifiquin la missió dels cristians laics en el món.

6. Gabriela Mistral finalitza el seu poema formulant les preguntes següents: «Has servit, avui? A qui?». Ara et proposem que dediquis uns minuts de reflexió a revisar la teva jornada i a formular-te les mateixes preguntes.

 — Comparteix les teves reflexions amb un company o una companya.

# 3. ELS CRISTIANS CONSTRUEIXEN LA CIVILITZACIÓ DE L'AMOR

» Quan l'Esperit Sant va omplir de força els deixebles de Jesús, a la Pentecosta, aquella primera comunitat cristiana va començar a ser conscient de la missió que Jesús li havia encomanat: anunciar i fer realitat l'Evangeli per mitjà de l'amor i del servei. Per això, el papa Pau VI, precisament en la festa de Pentecosta de 1970, va afirmar que aquell dia es va inaugurar «la civilització de l'amor i de la pau».

## 3.1. EL SERVEI DE L'ESGLÉSIA: CONSTRUIR LA CIVILITZACIÓ DE L'AMOR

Al llarg de la història, l'Església ha intentat ser **constructora d'un món nou** que permeti a cada ésser humà ser autènticament feliç. Avui, Jesús li encomana la mateixa missió, perquè el nostre món continua necessitant que es defensi la **veritat de l'ésser humà**: la dignitat, la identitat com a imatge de Déu, com a ésser cridat a viure en comunitat amb els altres i en harmonia amb la resta de la Creació.

Aquests són alguns exemples de com l'Església ha estat servidora de la veritat construint la **civilització de l'amor**.

### LA CONQUESTA D'AMÈRICA: L'«ÀNIMA» DELS INDIS

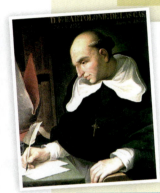

Durant la conquesta d'Amèrica, a finals del segle xv i principis del xvi, i davant el xoc que va comportar trobar els aborígens americans amb els seus propis sistemes socials, culturals, etc., es va originar una polèmica entre els intel·lectuals: aquells éssers tenien ànima racional?, eren plenament humans o havien de ser considerats animals? Aquesta última consideració donava plena legitimitat a l'esclavitud. En aquesta polèmica va haver-hi molts religiosos i intel·lectuals cristians que van defensar, en la seva predicació i en la seva actuació, l'autèntica humanitat dels indis. Va ser el cas del dominic fra Bartolomé de Las Casas, del Pare Montesinos i del mateix papa Pau III.

#### LA MISSIÓ

Aquesta pel·lícula mostra la cara i la creu de la conquesta d'Amèrica: els qui van veure en aquella terra una font d'esclaus i un lloc per a exercir el seu poder, i els qui van servir i defensar els indígenes.

http://links.edebe.com/w733q8

### PEDRO POVEDA I EL PAPER DE LA DONA EN LA SOCIETAT

Pedro Poveda Castroverde va ser un sacerdot de Jaén que, durant el primer terç del segle xx, va desenvolupar el seu ministeri a Andalusia, Astúries i Madrid. Preocupat per la situació de l'educació a Espanya, va treballar per a transformar els mètodes d'ensenyament mitjançant la creació d'acadèmies de formació de mestres cristianes. Des que va iniciar el servei sacerdotal a les coves de Guadix (Granada) fins al seu martiri, el 1936, la seva vida va ser un exemple de reivindicació dels drets dels pobres i del paper i la vàlua de les dones en la societat i, especialment, en el món de la cultura. Va fundar la Institució Teresiana.

#### POVEDA

El març de 2016 es va estrenar aquesta pel·lícula sobre la vida del Pare Poveda.

http://links.edebe.com/43ky

## L'ESGLÉSIA CATÒLICA DAVANT L'EXTERMINI NAZI

Amb l'ascens del nazisme, abans i durant la Segona Guerra Mundial, va triomfar una ideologia cruel i irracional que afirmava la inferioritat d'uns éssers humans respecte d'uns altres i que va torturar i exterminar milions de jueus. L'Església catòlica, encapçalada pel papa Pius XII, va defensar els jueus i en va salvar molts. També va testimoniar la veritat per mitjà del martiri de nombrosos sacerdots, religiosos, religioses i laics cristians.

### EL NOVENO DÍA
http://links.edebe.com/hh2vkd

Informació sobre personatges:
**Irena Sendler:** http://links.edebe.com/ye4g5i
**Pius XII:** http://links.edebe.com/y2sb

## LA TEOLOGIA DE L'ALLIBERAMENT I LA VERITAT DELS EMPOBRITS

La Teologia de l'Alliberament és un corrent de pensament que es va desenvolupar a l'Amèrica Llatina a partir de 1970. Teòlegs com Gustavo Gutiérrez, Leonardo Boff, Ignacio Ellacuría o Pere Casaldàliga van incidir en l'opció preferencial pels pobres i en la necessitat de lluitar contra la injustícia social i econòmica perquè s'instaurés el Regne de Déu. Aquests pensadors van utilitzar la sociologia i l'economia per a aportar mesures concretes i promoure l'alliberament de l'opressió i la injustícia.

### DESCALÇ SOBRE LA TERRA VERMELLA
Pel·lícula sobre el claretià Pere Casaldàliga, bisbe al Mato Grosso brasiler.

http://links.edebe.com/43ky

## ACTIVITATS

**7.** Tria un dels cristians esmentats en aquesta doble pàgina o un altre que hagi estat rellevant en la defensa de la veritat i en la construcció de la civilització de l'amor. Escriu-ne una breu biografia en la qual destaquis:

— El paper d'aquest cristià en l'Església i en la societat.

— Els valors i les persones que va defensar.

**8.** La civilització de l'amor requereix unes condicions morals, polítiques, socials, econòmiques i culturals determinades. En grups de quatre:

a) Seleccioneu les notícies que podrien aparèixer en un diari de la civilització de l'amor i les que no hi apareixerien. Argumenteu la vostra classificació.

• Per exemple, la notícia: «Com estalviar en calefacció i electricitat gràcies a la tecnologia» (http://links.edebe.com/ckdv): *Podria aparèixer en un diari de la civilització de l'amor, perquè promou un consum energètic responsable.*

b) A partir de la vostra selecció, comenteu quines condicions concretes fan possible la civilització de l'amor.

**9.** Per parelles, busqueu informació sobre alguna entitat de l'Església a la vostra localitat o diòcesi (parròquia, congregació religiosa, ONG cristiana, etc.) que dugui a terme alguna acció per a defensar els valors de la pau, la justícia, la misericòrdia o els drets humans. Elaboreu un tríptic informatiu que reculli la informació següent:

— Nom de l'entitat, identitat o ideari, breu història, serveis que ofereix, destinataris, mitjans humans i materials, contacte.

## MARIA ÉS... REINA DE L'ESGLÉSIA

» **Maria és Reina de l'Església, és la primera creient, és companya en el camí de la fe. La presència de Maria en l'inici de l'Església té un valor fonamental, ja que ella va sostenir la confiança dels deixebles després de la mort de Jesús i va animar l'anunci de la Resurrecció amb la força de l'Esperit Sant.**

**Maria és la Mare de la primera comunitat cristiana, és el nexe d'unió amb Jesús. Exerceix un regnat basat en l'amor i la tendresa per cadascun dels seus fills.**

L'advocació *Mare de Déu de la Mercè* significa que Maria és «misericòrdia». L'origen es remunta a la fundació de l'orde religiós dels mercedaris per sant Pere Nolasc, el 1218. El seu objectiu era la redempció dels captius. Avui es dediquen a l'atenció dels presos i dels marginats.

A la basílica de la Mercè de Barcelona es venera una talla del segle XIV. També es poden trobar altres imatges de la Mercè en les quals Maria és dempeus portant a la mà dreta el ceptre i a la mà esquerra unes cadenes.

L'advocació *Mare de Déu del Carme* és de les més antigues. Es remunta, segons la tradició, al profeta Elies, que es va retirar a viure a la muntanya del Carmel. Molt més tard es va establir a Europa l'orde de la Mare de Déu del Mont Carmel (carmelites).

La imatge de la *Mare de Déu del Carme* sempre apareix amb un escapulari a la mà. Es tracta de dos trossos petits de tela, amb imatges de Jesús, de Maria o de la muntanya del Carmel, que el creient porta penjats per a recordar la protecció de Maria.

 http://links.edebe.com/5rrc

http://links.edebe.com/74n

«Reina del cel, alegreu-vos, al·leluia,
perquè aquell que meresquéreu portar, al·leluia,
ha ressuscitat, tal com digué, al·leluia...»

**«EN TORNO A MARÍA»**
Grup Jesed
http://links.edebe.com/r4v62

- Com expressen aquestes imatges de Maria que és Reina? De qui és Reina, Maria? Com descriuries el seu regnat?
- Cerca en l'annex la pregària *Reina del Cel*:
  — Quins dos moments importants de la vida de Maria es recorden en la primera part de la pregària?
- Tria una festa dedicada a la Mare de Déu. Entre tots, elaboreu un calendari en el qual s'informi de:

| Dia | Advocació de la Mare de Déu | Lloc on se celebren festes | Activitats més assenyalades |
|---|---|---|---|
| ... | ... | ... | ... |

Després els apòstols se'n tornaren a Jerusalem des de la muntanya anomenada de les Oliveres, que és a prop de la ciutat, a la distància que és permès de recórrer en dissabte. Van entrar-hi i van pujar a la sala de la casa on es reunien. Eren Pere, Joan, Jaume, Andreu, Felip, Tomàs, Bartomeu, Mateu, Jaume, fill d'Alfeu, Simó el Zelós, i Judes, fill de Jaume. Tots ells eren constants i unànimes en la pregària, juntament amb algunes dones, amb Maria, la mare de Jesús, i amb els germans d'ell.

Hch 1,12-14

# SÍNTESI

- Per a resumir la unitat, traça el teu propi mapa mental. Aquí en tens un exemple que pots completar.

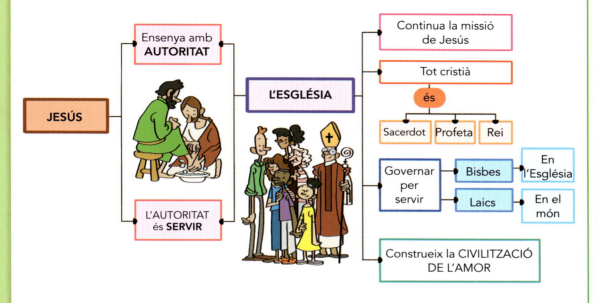

## AIXÍ VA DIR...
### ... Pere Casaldàliga
(1928)

«Em sembla molt més important tenir l'última sensibilitat que tenir l'última paraula. Posar-se en la pell de l'altre i compartir el sofriment i l'amor és una de les actituds més característiques de Jesús».

*Vols saber-ne més sobre aquest personatge? (pàg. 90)*

## AVALUACIÓ COMPETENCIAL

Per a demostrar que has assimilat allò que és principal en aquesta unitat, fixa't només en una idea que prové dels gestos i les paraules de Jesús: «L'autoritat és servei».

1. Has de buscar exemples —actuals o històrics, reals o possibles, propers o llunyans— en què es compleixi aquesta frase en diversos àmbits i també exemples en què es no es compleixi.

2. Els àmbits en què has d'exemplificar que l'autoritat és servei —o que no ho és— són els següents:

   - En la política.
   - En el món laboral.
   - En l'Església.
   - A l'escola o l'institut.
   - En la família.

3. Tria un exemple positiu i un altre de negatiu de cadascun dels àmbits i redacta'ls en forma de frase argumentativa.

   Per exemple: *L'autoritat no és servei quan un alcalde cobra personalment una comissió a una empresa per a concedir-li el servei de recollida d'escombraries, sense convocar concurs públic, perquè en aquest cas fa un ús particular i fraudulent del poder que té com a autoritat local.*

   — En total, has de redactar 10 frases. Procura que els casos siguin variats i imaginatius i que les argumentacions siguin també variades.

# ANNEXOS

GLOSSARI ........................................................ 74

7 TROBADES DE JESÚS AMB DONES ......................... 78

BIOGRAFIES ................................................... 88

ECOLOGIA INTEGRAL ..................................... 92

TEXTOS ........................................................ 100

## GLOSSARI

**Consciència:** Facultat psíquica humana que permet adonar-se de les coses de forma subjectiva i conèixer de forma responsable i personalitzada les situacions que ens afecten i els deures que es deriven d'aquest coneixement responsable.

**Crisma:** Oli barrejat amb bàlsam aromatitzant que es fa servir per a la unció en alguns sagraments (Baptisme i Confirmació) i també per a consagrar esglésies i altars. El crisma és consagrat pel bisbe en una missa celebrada el Dijous Sant.

**Culte:** Conjunt d'actes o ritus mitjançant els quals es manifesta el reconeixement de l'excel·lència i omnipotència de Déu. Per al cristianisme, el culte és també una forma de comunicació amb Déu.

**Diàspora:** Dispersió d'un poble per diverses parts del món. El poble jueu ha sofert diversos episodis de diàspora al llarg de la història, després que fos ocupat el seu territori per diferents atacants, tant en l'època de l'Antic Testament (assiris, babilonis i després grecs) com en l'època romana.

**Egocentrisme:** Actitud psicològica que porta a constituir-se un mateix com el centre de l'univers i a considerar les coses i fins i tot les persones només des de la perspectiva de la utilitat.

**Exili:** Allunyament forçós del territori d'origen, normalment per motius polítics. En la Bíblia, l'època de l'exili es refereix al trasllat a Babilònia d'una part dels habitants del regne de Judà en el segle VI a. C.

**Lavatori dels peus:** Acció significativa de Jesús abans de l'Últim Sopar, per mostrar als seus deixebles que havien de ser servidors dels altres. El gest es repeteix com a ritu cada any en la celebració cristiana del Dijous Sant.

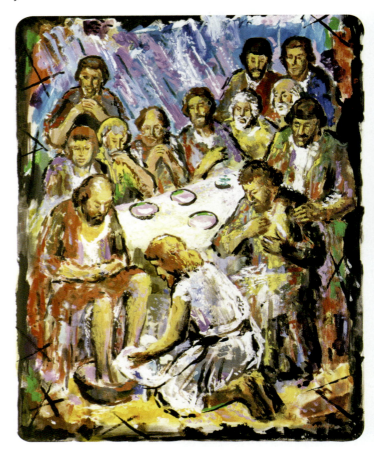

**Teocràcia:** Forma de govern en què la sobirania és exercida teòricament per la divinitat i, en la pràctica, per la classe sacerdotal, que aplica un codi legal religiós a tots els aspectes de la vida civil. En temps de Jesús, els qui esperaven un Messies polític confiaven que instauraria una teocràcia de Jahvè, regida per la Llei religiosa jueva i sense influències estrangeres.

**Unció:** Ritu consistent a untar o friccionar (ungir) amb oli persones o coses, per significar la recepció d'una força divina o la separació per a un ús sagrat. En l'Antic Testament s'ungien els jutges, els profetes i els reis. El cristianisme catòlic i l'ortodox mantenen la unció amb oli consagrat en sagraments com el Baptisme, la Confirmació, l'Orde sacerdotal i la Unció dels Malalts.

**Vocació:** Crida de Déu a algú convidant-lo a una missió o funció determinada. En el cristianisme es considera que tots els cristians i cristianes són cridats per Déu a la santedat en l'estil de vida propi de cadascú. D'una manera específica, també es parla de la vocació sacerdotal i de la vocació religiosa.

**Oracle:** Per a molts pobles antics, forma d'endevinació que consistia en una resposta que suposadament donava la divinitat a diverses demandes. En la Bíblia es refereix a la Paraula de Déu anunciada pels profetes, especialment quan s'anuncia un esdeveniment futur.

**Ritu:** Forma de celebrar, seguint unes normes d'origen sagrat, una acció de culte, un sagrament, una cerimònia… Inclou gestos significatius, pregàries, cants, postures, danses, objectes simbòlics…

**Salvació:** En la majoria de les religions, estat en què l'ésser humà aconsegueix la plena identitat, alliberat del mal i en molts casos (com en el cristianisme) alliberat fins i tot de la mort. La salvació se sol identificar amb la felicitat definitiva.

# 7 TROBADES DE JESÚS AMB DONES

# SET TROBADES DE JESÚS AMB DONES EN ELS EVANGELIS

Una **trobada personal** amb una persona és una experiència que pot transformar-nos profundament. Jesús no deixava ningú indiferent: els qui van parlar amb ell, van escoltar les seves paraules i van rebre els seus gestos van poder comprovar que els convidava a un **canvi de vida** molt més radical del que ells podien imaginar.

Els **Evangelis,** com sabem, no són cròniques del que Jesús va dir i va fer escrites per un observador neutre. Els evangelistes ens expliquen una cosa molt més profunda del que va succeir: allò que realment significava aquella **trobada amb Jesús.** Els Evangelis ens donen una cosa molt millor que una crònica imparcial: un testimoniatge de qui està convençut de la **vida nova** que Jesús regala.

### Les dones en temps de Jesús

Entre les trobades de Jesús amb diverses persones destaquen, per la seva singularitat en aquella època, les trobades amb dones.

Les **dones** en temps de Jesús ocupaven un **lloc secundari** en la societat. Nosaltres avui diríem que estaven «discriminades», però també és veritat que eren societats més violentes i desprotegides que en l'actualitat. Els clans familiars tenien por que les seves dones fossin agredides o segrestades, per això les relegaven a les tasques domèstiques, a la cura de la casa, i evitaven el contacte amb qualsevol altre home.

Com a resultat d'aquesta por, ser dona en aquella cultura jueva era gairebé com ser una persona de «segona categoria».

Les nenes, fins als dotze anys, eren considerades **propietat del seu pare,** el qual, a partir d'aquesta edat, podia casar-les si així ho acordava amb un altre pare de família. De fet, les dones només eren considerades **en relació amb un home** (filla de, esposa de o mare de). Si es parla d'una dona sense referència a un home, de seguida es pot sospitar que és una dona indigna.

A les sinagogues, els llocs de reunió per al culte i la pregària dels jueus, hi havia un **espai reservat per a les dones,** que no podien accedir als primers llocs, reservats per als homes. Al grandiós Temple de Jerusalem hi havia una zona a la qual només podien accedir els israelites homes; les dones s'havien de quedar en un espai previ. Encara més, la religió jueva considerava «impura» la sang de la menstruació i del part; per això, les dones havien de fer **un ritu de purificació** per a poder participar en les pregàries.

Quan sortien al carrer, havien d'anar cobertes i **no es podien aturar a parlar** amb cap home, tret que fos família directa, i menys encara podien parlar amb un estranger i, per descomptat, no podien parlar de temes religiosos. Només els nens, i no pas les nenes, anaven a l'escola de la sinagoga per aprendre a llegir la Llei de Moisès, i, si volien prosseguir els estudis, només els homes podien ser deixebles dels rabins o mestres.

Es considerava que la vocació de tota dona era **tenir fills;** en aquest sentit, les dones eren apreciades i tingudes molt en compte **dins de casa seva,** en la seva família. Eren les primeres responsables de l'educació dels fills, que respectaven i obeïen les seves mares, i que tenien l'obligació de cuidar-les en la seva vellesa. Per això, les **dones vídues i sense fills** estaven entre les més desprotegides de la societat, i només podien viure de la caritat dels seus veïns.

Per la situació de la dona en temps de Jesús, sorprèn encara més el **tracte que Jesús dóna a les dones** i la importància i la profunditat que tenen les trobades amb algunes d'elles en els Evangelis.

# 1. MARTA I MARIA, O EL TOMB DE LES PRIORITATS

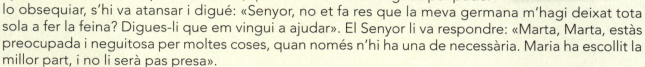

> Mentre feien camí, Jesús va entrar en un poble, i l'acollí una dona que es deia Marta. Una germana d'ella, que es deia Maria, es va asseure als peus del Senyor i escoltava la seva paraula. Marta, que estava molt atrafegada per poder-lo obsequiar, s'hi va atansar i digué: «Senyor, no et fa res que la meva germana m'hagi deixat tota sola a fer la feina? Digues-li que em vingui a ajudar». El Senyor li va respondre: «Marta, Marta, estàs preocupada i neguitosa per moltes coses, quan només n'hi ha una de necessària. Maria ha escollit la millor part, i no li serà pas presa».
>
> Lc 10,38-42

### La cultura de l'«hospitalitat»

En la Mediterrània antiga es donava molta importància a l'**acollida de l'hoste** a casa. Aquesta actitud hospitalària, que a primera vista pot semblar molt generosa, es convertia en una estructura de **vanaglòria** i de cerca de l'**honor,** en una competició per «quedar bé».

Aquesta actitud d'«aparentar» no és lluny de la nostra manera de ser avui dia: estem constantment comparant-nos, desitjant ser com la persona que admirem, anhelant que ens accepti en el seu grup, i per això no importa qui siguem en realitat, sinó la nostra **imatge externa.**

### La sorpresa de Marta i la llibertat de Maria

**Marta** no ha entès que **Jesús és un hoste diferent;** Jesús acull tothom: bons i pecadors, amics i desconfiats, prostitutes i persones piadoses. Amb Jesús no cal entrar en la dinàmica d'aparentar. Ell no és com l'hoste que espera que l'atenguin i el serveixin, ni compararà qui el serveix millor; ell és més **sincer, senzill i directe.**

A nosaltres ens pot passar el mateix que a Marta, quan pensem que Déu ens vigila, com si estigués esperant un error nostre per a castigar-nos. Però Déu no és així.

**Maria,** la germana petita de Marta, se sent **més lliure;** s'adona que val la pena escoltar Jesús, **aprendre** d'ell. No és que Maria sàpiga més que Marta, sinó tot el contrari: reconeix la seva ignorància, sap que pot aprendre i actua en conseqüència.

En un moment, Marta ja no pot més i interromp el mestre exigint-li que Maria compleixi amb les «normes» de l'hospitalitat. Però Jesús no corregeix Maria sinó la mateixa Marta i li explica què està succeint dins del seu cor: la **preocupació,** l'ànsia, l'excessiva quantitat d'ocupacions l'estan asfixiant.

Jesús crida Marta a la **senzillesa;** no es queixa que treballi, sinó que el sobreesforç li provoqui angoixa i que, a més, canalitzi aquesta angoixa en enuig contra la seva germana.

La resposta de Jesús dóna **un tomb a les prioritats** de Marta i li demana que les revisi: què és realment important? Quines coses es poden quedar sense fer perquè són supèrflues?

a) Descriu la transformació de Marta: Com actua i pensa al principi del text? Què fa Jesús? Com imagines que pot haver reaccionat després de la frase de Jesús?

b) Quina transgressió cultural fa Maria? I Marta?

c) T'ha succeït alguna vegada que l'excés d'activitats et provoqui angoixa, i que aquesta angoixa fa que t'enfadis fàcilment amb els altres? Com ho pots solucionar? Comparteix les possibles solucions amb altres companys i escolta les seves propostes.

## 2. LA SOGRA DE PERE, O LA BRUSQUEDAT DE DÉU

> Sortint de la sinagoga arribaren, acompanyats de Jaume i Joan, a casa de Simó i Andreu. La sogra de Simó era al llit amb febre, i ho digueren a Jesús. Llavors ell s'hi acostà i, agafant-la per la mà, la va fer aixecar. La febre va deixar-la, i ella es posà a servir-los.
>
> Mc 1,29-31

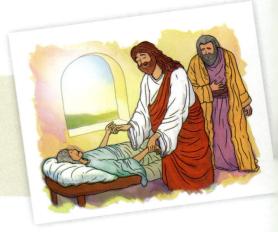

### Una escena amb pocs detalls

Al principi de l'Evangeli de Marc es narra un **miracle breu de Jesús.** Simó i Andreu el conviden a casa seva i ell hi va amb Jaume i Joan. Són a **Cafarnaüm,** una localitat a la riba del llac de Galilea. El text de Marc és molt concís i deixa moltes coses sense explicar per provocar la imaginació del lector. Diu que **la sogra de Simó** era al llit amb **febre** i li parlen d'ella. Què li diuen? No ho sabem.

Fixa't bé en el text. És molt breu, així que hauràs de llegir gairebé paraula per paraula per adonar-te d'una cosa molt estranya. Fixa't en l'ordre de cada acció: de Jesús, de la dona i de la febre. Tracta de descobrir què hi ha d'estrany.

### Una teràpia contra l'accídia

Ja has vist què hi ha d'estrany en el text de Marc? Jesús aixeca la dona quan encara té febre. Sembla molt maleducat! Jesús s'hi acosta, l'agafa per la mà i **la força a aixecar-se** mentre està malalta, i en aquesta acció, ja dempeus, s'esdevé el prodigi de la guarició. Al final, com a resposta d'agraïment, la dona es posa a servir-los.

Què pot significar per a nosaltres, lectors actuals de l'Evangeli? Marc vol criticar **una manera equivocada de comprendre Déu.** Molts resen a Déu perquè els resolgui els problemes, i pensen: «Quan els meus problemes estiguin resolts, aleshores podré ajudar i servir els altres, podré estimar i lliurar-me. Però ara no, ara estic malament, estic patint, estic ple de problemes. Déu, guareix-me i em podré aixecar i et serviré».

D'aquesta manera es desencadena una actitud anomenada «accídia», és a dir, el **gust per «estar malament».** És tan subtil i inconscient que és molt difícil que algú es reconegui així. Però en el fons és una temptació per a tothom, sobretot en les societats anomenades «del benestar».

L'accídia valora de manera exagerada la **comoditat,** és una actitud que **paralitza** i per això és molt difícil de descobrir. Quan una persona se sent realment malament, ha de descansar i té dret de plorar, de ser consolada i ajudada. Però després, el millor per a ella és tornar-se a **aixecar i seguir endavant.**

L'única manera de superar l'accídia és amb una certa **brusquedat,** amb una «teràpia de xoc», no es pot fer a poc a poc. Jesús aixeca la sogra de Pere **d'un sol cop,** la força a aixecar-se agafant-la per la mà i, gràcies a això, **la febre l'abandona.** Si caus en l'accídia, Déu et regalarà algun **esdeveniment que et convulsioni,** que t'incomodi. Al principi no hi veuràs cap sentit, et rebel·laràs perquè «estàs malament» i et semblarà «injust», perquè només vols buscar la comoditat. Però al final descobriràs que aquest esdeveniment que t'ha trencat els esquemes ha fet que et posis de nou en moviment.

a) Quina norma cultural trenca Jesús en aquest text?
b) Per què creus que la dona, al final, es posa a servir?
c) T'ha passat alguna vegada que un esdeveniment que al principi semblava negatiu al final t'ha servit per a superar-te i créixer? Explica-ho.

# 3. LA PECADORA, O LA DESESPERACIÓ CONVERTIDA EN PERDÓ

Un fariseu va invitar Jesús a menjar amb ell. Jesús entrà a casa del fariseu i es posà a taula. Hi havia al poble una dona que era una pecadora. Quan va saber que Jesús era a taula a casa del fariseu, hi anà amb una ampolleta d'alabastre plena de perfum i es quedà plorant als peus de Jesús, darrere d'ell. Li mullava els peus amb les llàgrimes, els hi eixugava amb els cabells, els hi besava i els hi ungia amb perfum. El fariseu que havia convidat Jesús, en veure això, pensà: «Si aquest fos profeta, sabria qui és aquesta dona que el toca i quina mena de vida porta: és una pecadora».

Jesús li digué: «Simó, t'haig de dir una cosa». Ell li respongué: «Digues, mestre». «Dos homes devien diners a un prestador: l'un li devia cinc-cents denaris, i l'altre, cinquanta. Com que no tenien res per a pagar, els va perdonar el deute a tots dos. Quin d'ells et sembla que l'estimarà més?». Simó li contestà: «Suposo que aquell a qui ha perdonat el deute més gran». Jesús li diu: «Has respost correctament».

Llavors es girà cap a la dona i digué a Simó: «Veus aquesta dona? Quan he entrat a casa teva, tu no m'has donat aigua per a rentar-me els peus; ella, en canvi, me'ls ha rentat amb les llàgrimes i me'ls ha eixugat amb els cabells. Tu no m'has rebut amb un bes; ella, en canvi, d'ençà que he entrat, no ha parat de besar-me els peus. Tu no m'has ungit el cap amb oli; ella, en canvi, m'ha ungit els peus amb perfum. Així, doncs, t'asseguro que els seus molts pecats li han estat perdonats: per això ella estima molt. Aquell a qui poc és perdonat, estima poc». Després digué a la dona: «Els teus pecats et són perdonats». Els qui eren a taula amb ell començaren a pensar: «Qui és aquest que fins i tot perdona pecats?». Jesús digué encara a la dona: «La teva fe t'ha salvat. Vés-te'n en pau».

Lc 7,36-50

## Diferents punts de vista sobre el pecat

En el text apareixen **tres personatges:** la dona pecadora, Simó el fariseu i Jesús. El relat presenta les accions de la primera, els pensaments del segon i les paraules del tercer.

La **dona** comprèn que la seva situació de pecat la fa infeliç. Demostra que és molt valenta, perquè reconeix que necessita ajuda. L'Evangeli descriu amb detall els **gestos** de la dona als peus de Jesús; aquests gestos són expressió de la seva **desesperació** i del seu desig de **canvi de vida.**

A continuació, el narrador explica els pensaments del **fariseu.** La frase de Simó consisteix només en **judicis:** jutja la dona com a pecadora i jutja Jesús com a ignorant i indigne de ser un mestre. Simó el fariseu té al pensament un esquema molt comú: al món hi ha **bons i dolents,** i els bons han d'evitar barrejar-se amb els dolents. No obstant això, Déu no pensa així, i això és el que Jesús vol ensenyar-li.

## Per a Jesús, el perdó sempre és possible

A partir d'aquest moment parla **Jesús;** vol presentar a Simó **un altre punt de vista,** una altra manera de mirar les persones, sense jutjar-les, sinó convidant-les a millorar, plena de fe en el penediment i la reconciliació. Per a convidar Simó a reflexionar, Jesús explica una **paràbola** molt breu i senzilla. Al final, la pregunta de Jesús també és senzilla: qui estimarà més? Simó respon correctament: qui ha rebut més perdó.

D'aquesta manera, Jesús ha focalitzat tot el problema en la paraula clau, el **perdó,** i a més ha aconseguit, gràcies a la senzillesa del relat i de la pregunta, que el mateix Simó pronunciï aquesta paraula. Sembla poca cosa, però ara el fariseu està en condicions de rebre, sense rebutjar-la, la dura reprimenda de Jesús.

a) Quines normes culturals trenca la dona?

b) Descriu la transformació de la dona pecadora: com era al principi, què ha succeït perquè canviï i com t'imagines que actuarà després.

c) Explica com t'imagines la reacció de Simó el fariseu davant les últimes paraules de Jesús.

d) Algun cop has jutjat algú altre que ha fet una cosa dolenta, pensant que no era capaç de penedir-se'n? Comenta-ho amb el teu company o companya.

# 4. L'ADÚLTERA, O ELS ACUSADORS ACUSATS

> Jesús se n'anà a la muntanya de les Oliveres. Però de bon matí es va presentar de nou al temple. Tot el poble acudia cap a ell. S'assegué i començà a instruir-los. Llavors els mestres de la Llei i els fariseus li van portar una dona que havia estat sorpresa en el moment de cometre adulteri. La posaren allà al mig, i li digueren: «Mestre, aquesta dona ha estat sorpresa en el moment de cometre adulteri. Moisès en la Llei ens ordenà d'apedregar aquestes dones. I tu, què hi dius?».
> Li feien aquesta pregunta amb malícia per tenir de què acusar-lo. Però Jesús es va ajupir i començà a escriure a terra amb el dit. Ells continuaven insistint en la pregunta. Llavors Jesús es va posar dret i els digué: «Aquell de vosaltres que no tingui pecat, que tiri la primera pedra».
> Després es tornà a ajupir i continuà escrivint a terra. Ells, en sentir això, s'anaren retirant l'un darrere l'altre, començant pels més vells. Jesús es va quedar sol, i la dona encara era allà al mig. Jesús es posà dret i li digué: «Dona, on són? Ningú no t'ha condemnat?». Ella va respondre: «Ningú, Senyor». Jesús digué: «Jo tampoc no et condemno. Vés-te'n, i d'ara endavant no pequis més».
>
> Jn 8,1-11

### Un parany ben preparat

Jesús està ensenyant en el Temple i els mestres de la Llei i fariseus li presenten una dona adúltera i li exigeixen **que actuï com a jutge,** però li presenten l'acusació i la sentència ja abans de preguntar-li'n l'opinió. Li diuen que la dona és culpable evident d'adulteri, i li diuen també quina ha de ser la condemna segons la **Llei de Moisès:** que sigui apedregada fins a morir.

Jesús sap que estan manipulant uns textos de l'Antic Testament que en realitat no són lleis en el sentit estricte. Al principi no respon, perquè s'adona que no els interessa aprendre d'ell, sinó només **acusar-lo** d'anar contra la Llei de Moisès.

Li insisteixen tant que els diu una frase que s'ha fet famosa: «Aquell de vosaltres que no tingui pecat, que tiri la primera pedra». A què es refereix Jesús? No diu que el pecat no tingui importància, no diu que la dona sigui innocent: el pecat és greu i la dona és culpable. És a dir, Jesús **no va contra la Llei de Moisès.** El que diu Jesús és que cap dels qui són allà té el dret de jutjar-la perquè ells també són pecadors.

L'únic que podria condemnar la dona és Jesús, que està lliure de pecat, i ell decideix no condemnar-la. Però no accepta el pecat, sinó que li demana que «no pequis més». Jesús perdona la dona i, al mateix temps, la convida a un **canvi de vida.**

### Déu és misericordiós

Com acaba l'escena? No ho sabem. Jesús s'ha mostrat com un mestre savi que no va contra la Llei de Moisès sinó que és capaç de superar-la posant en primer lloc la **misericòrdia de Déu** i no el compliment exacte de la Llei. Jesús no posa condicions prèvies per a perdonar i acollir, però sí que posa «condicions posteriors» perquè el seu perdó i acolliment donin fruit en la persona perdonada: és el que s'anomena **«conversió»** o canvi de mentalitat i de vida.

El text de l'Evangeli ens diu dues coses:

- Tu no ets jutge dels teus germans i germanes; **només Déu és jutge** perquè només ell pot jutjar amb amor.
- **Déu prefereix perdonar,** cridar a la conversió, actuar amb misericòrdia i esperar el penediment, en comptes de castigar.

a) Anota en tres columnes:
- Com era la dona abans de trobar-se amb Jesús.
- Què ha passat en la trobada.
- En què creus que ha canviat la dona després de la trobada.

b) Alguna vegada t'has sentit perdonat sincerament? Descriu aquest sentiment.

# 5. LA DONA AMB FLUXOS DE SANG, O DEMANAR DE LA MANERA EQUIVOCADA

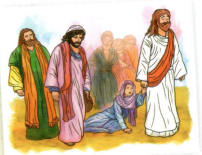

Hi havia una dona que patia d'hemorràgies des de feia dotze anys. Havia sofert molt en mans de metges i s'hi havia gastat tot el que tenia, però no havia obtingut cap millora, sinó que anava de mal en pitjor. Aquesta dona, que havia sentit parlar de Jesús, se li va acostar per darrere enmig de la gent i li tocà el mantell, perquè pensava: «Només que li pugui tocar la roba, ja em salvaré». Immediatament va deixar de perdre sang i sentí dintre d'ella que estava guarida del mal que la turmentava. Jesús s'adonà a l'instant de la força que havia sortit d'ell i es girà per preguntar a la gent: «Qui m'ha tocat la roba?». Els seus deixebles li contestaren: «Veus que la gent t'empeny pertot arreu i encara preguntes qui t'ha tocat?». Però Jesús anava mirant al seu voltant per veure la qui ho havia fet. Llavors aquella dona, que sabia prou bé què li havia passat, tremolant de por es prosternà davant d'ell i li va explicar tota la veritat. Jesús li digué: «Filla, la teva fe t'ha salvat. Vés-te'n en pau i queda guarida del mal que et turmentava».

Mc 5,25-34

### Les normes jueves sobre la impuresa

Aquesta escena de l'Evangeli de Marc presenta un miracle de guarició d'una dona amb una malaltia que li produïa problemes menstruals. La Llei de Moisès considerava **impura** la sang de les regles, però «impura» no significa que fossin vistes com a males persones, sinó simplement que **no podien participar en el culte** del Temple o de la sinagoga durant aquest temps. Després, feien un bany de purificació i es resolia la impuresa.

La dona malalta de l'Evangeli fa **dotze anys** que no pot sortir d'aquesta condició d'impuresa, és a dir, no ha pogut participar de les pregàries de la comunitat i ni tan sols pot tocar ni ser tocada per ningú.

### Guarició o salvació?

La dona, desesperada, decideix posar-se en camí per buscar Jesús i **demanar-li la guarició**. Però té un problema: com a dona impura **pot ser rebutjada**. Ella, per por o per vergonya, pretén aconseguir la seva guarició **«en secret»,** tocant el mantell de Jesús sense que se n'adoni.

Però fixem-nos en les paraules: la dona pensa que serà **«salvada»** tan sols tocant el mantell de Jesús, però el narrador diu que va ser **«guarida»**. No és el mateix, encara que per a ella sembla que ja és suficient. Jesús força la situació que la dona volia evitar: la **trobada cara a cara amb Jesús.** Per què?

Jesús no ha vingut només a guarir, sinó a **salvar**; no li interessa ser recordat com un remeier, sinó que ve a portar una **renovació més profunda** de la persona, des de dins. Això ho expressa l'Evangeli amb les paraules «salvació» i «pau».

Però la condició que Jesús demana és molt dura per a la dona: ha de **presentar-se davant d'ell** i dir-li «tota la veritat», que per a ella és molt humiliant. La dona fa el pas d'inclinar-se davant de Jesús i **explicar-li la veritat,** malgrat que està tan espantada que arriba a tremolar. La reacció de Jesús no és la que ella esperava: la convida a una **guarició molt més profunda,** la convida a la **salvació** i a la **pau,** i interpreta que la confiança que la dona té en Jesús és una **«fe»** autèntica, una actitud profunda que orienta tota la seva vida.

a) Descriu la transformació de la dona malalta:
- Com era abans de trobar-se amb Jesús.
- Què ha passat en aquesta trobada.
- Com viu la dona després de la trobada.

b) Quines normes culturals transgredeix la dona?

c) La malaltia de pèrdua de sang representa simbòlicament la «pèrdua de la vida». En quines situacions de la teva vida sents que estàs «perdent vida», perdent alegria, felicitat o ganes de viure? Com busques la solució a aquestes situacions?

# 6. MARIA MAGDALENA, O DEL PLOR A LA MISSIÓ

> Maria es va quedar plorant a fora, a la vora del sepulcre. Mentre plorava, s'ajupí per mirar dins el sepulcre i veié dos àngels vestits de blanc, asseguts al lloc on havia estat posat el cos de Jesús, l'un al cap i l'altre als peus. Ells li diuen: «Dona, per què plores?». Ella els respon: «S'han endut el meu Senyor i no sé on l'han posat». Així que acabà de dir aquestes paraules, es girà enrere i veié Jesús allà dret, però no s'adonava que fos ell. Jesús li diu: «Dona, per què plores? Qui busques?». Ella, pensant-se que era l'hortolà, li respon: «Si te l'has emportat tu, digues-me on l'has posat, i jo mateixa me l'enduré». Li diu Jesús: «Maria!». Ella es gira i li diu: «*Rabuní*» —que vol dir 'mestre'. Jesús li diu: «Deixa'm anar, que encara no he pujat al Pare. Vés a trobar els meus germans i digues-los: "Pujo al meu Pare, que és el vostre Pare, al meu Déu, que és el vostre Déu"». Maria Magdalena anà a trobar els deixebles i els anunciava: «He vist el Senyor». També els va contar el que ell li havia dit.
>
> Jn 20,11-18

### La desesperació no permet reconèixer Jesús

Maria Magdalena era una deixebla molt important de Jesús. La **mort del mestre** va ser un cop dur per a tots els deixebles; van començar a pensar que potser no era el Messies, que potser les paraules que havien escoltat d'ell no venien de Déu…

Cadascú va reaccionar-hi a la seva manera: alguns van marxar de Jerusalem i d'altres van romandre a la ciutat, reunits, però amb les portes tancades per por de represàlies. Les **dones** van decidir d'anar al sepulcre i el van trobar obert i buit, i Maria Magdalena es va quedar allà, plorant, perquè ni tan sols li quedava el cadàver de Jesús, l'últim record del mestre.

En aquesta situació de total **desesperació,** on havia estat el cos de Jesús veu dos àngels de blanc. Això ja li hauria de dir alguna cosa! O almenys sobresaltar-la. Però està tan desesperada en el seu plor que ni s'immuta. Normalment els **àngels** porten un missatge de part de Déu («àngel» en grec significa 'missatger'), però aquí, estranyament, fan una pregunta, a la qual Maria respon amb brevetat: «S'han endut el meu Senyor». Ella no pensa que pugui haver passat cap altra cosa, sinó que està centrada en la idea que la mort de Jesús no té cap remei. Per això els àngels no poden anunciar-li res, ja que el cor de Maria Magdalena està **tancat pel dolor** a qualsevol bona notícia.

### El reconeixement i l'anunci

Quan Maria es gira, veu Jesús, però encara no és capaç de reconèixer-lo perquè en la seva manera de veure les coses no hi ha cabuda per a Jesús ressuscitat. Quan Jesús **la crida pel seu nom,** tot canvia: ella el reconeix i l'anomena «el meu mestre» en arameu.

En aquest moment, Jesús li demana que canviï la perspectiva. Ella s'ha pogut trobar amb el ressuscitat, i això l'omple d'**alegria,** però no és un do per a ella sola, sinó per a ser **compartit** amb tota la comunitat de deixebles.

Jesús li dóna un encàrrec molt concret que ella compleix. Maria es converteix en **missatgera** («àngel») per als altres deixebles. A més, diu: «He vist el Senyor». No n'hi ha prou de transmetre idees com si es llegissin d'un llibre, cal haver **tingut experiència de la trobada** amb el ressuscitat.

Per als cristians avui, la «trobada amb el ressuscitat» no es viu com una aparició. L'acció de Déu **en la pròpia vida** es pot descobrir en els moments de desesperació i de dolor o bé en els esdeveniments de gran alegria.

a) Descriu la transformació de Maria Magdalena:
 • Com era abans de trobar-se amb Jesús.
 • Què ha succeït en aquesta trobada.
 • Com viu la dona després de la trobada.

b) Demana a algun creient adult que et relati un moment de la seva vida en el qual va sentir que Déu l'acompanyava. Comparteix el relat amb el teu company o companya.

# 7. MARIA EN LES NOCES DE CANÀ, O LA MIRADA ATENTA D'UNA MARE

El tercer dia es van celebrar unes noces a Canà de Galilea. Hi havia la mare de Jesús. També hi fou convidat Jesús, juntament amb els seus deixebles.
Quan el vi s'acabava, la mare de Jesús li diu: «No tenen vi». Jesús li respon: «Dona, i jo què hi tinc a veure? Encara no ha arribat la meva hora». La seva mare diu als servidors: «Feu tot el que ell us digui».
Hi havia allà sis piques de pedra destinades a les pràctiques de purificació usuals entre els jueus. Tenien una cabuda d'uns cent litres cada una. Els diu Jesús: «Ompliu d'aigua aquestes piques». Ells les ompliren fins dalt. Llavors els digué: «Ara traieu-ne i porteu-ne al cap de servei».
Ells li'n portaren. El cap de servei tastà aquella aigua convertida en vi. Ell no sabia d'on venia, però els servidors sí que ho sabien, perquè ells mateixos l'havien treta. El cap de servei, doncs, crida el nuvi i li diu: «Tothom serveix primer els millors vins i, quan els convidats han begut molt, serveix els més ordinaris. Però tu has guardat fins ara el vi millor».
Així va començar Jesús els seus senyals prodigiosos a Canà de Galilea. Així manifestà la seva glòria, i els seus deixebles van creure en ell. Després d'això va baixar a Cafarnaüm amb la seva mare, els seus germans i els seus deixebles, però tan sols s'hi quedaren uns quants dies.

Jn 2,1-12

L'última de les set escenes que et presentem és una mica diferent, ja que no es tracta d'una dona necessitada de guarició, de perdó o de consol, sinó de **Maria, la mare de Jesús,** la persona que més el coneix.

Per a entendre l'**Evangeli de Joan** no tan sols cal llegir la superfície de la narració, que sol ser fàcil d'entendre, com en aquest cas, sinó que també cal interpretar el segon nivell, **simbòlic,** que és el que l'evangelista ens vol transmetre. Per això, cal conèixer alguns símbols de la cultura jueva i expressions que usa de manera especial l'Evangeli de Joan.

### Símbols de la cultura jueva

- **Vi:** Expressió de l'**alegria** i la festa. Fins i tot era símbol de la festa definitiva, quan Déu salvarà tot el poble. La manca de vi, doncs, era signe de la precarietat, de la necessitat i la desgràcia.

- **Purificacions:** El judaisme tenia molts ritus de banys i lavatoris, que significaven la necessitat de purificació dels pecats, la indignitat dels éssers humans davant de Déu. Per a aquests ritus utilitzaven **piques grans de pedra,** que només havien de contenir aigua neta.

- **Noces:** En la Bíblia són un símbol de la relació d'**amor entre Déu i el seu poble.**

- **Glòria:** S'utilitza en la Bíblia per a expressar l'**acció alliberadora de Déu,** com quan allibera el poble d'Israel que era esclau a Egipte.

### Expressions de l'Evangeli de Joan

- **Els jueus:** Quan Joan parla «dels jueus» no es refereix a tot el poble jueu, sinó als **fariseus** i a les **autoritats** dels jueus, que feien una interpretació restrictiva de la Llei de Moisès i donaven més importància a les lleis que a les persones.

- **Dona:** És estrany que Jesús anomeni la seva mare «dona». La mare de Jesús simbolitza la **dona nova,** la que viu en comunió amb Jesús, i s'oposa al símbol de la dona primitiva, **Eva.**

- **Glòria:** La «glòria de Jesús» és la seva veritable identitat, és a dir, que Jesús és el **Fill de Déu** enviat per amor per a salvar el món.

- **Hora:** L'«hora» de Jesús és el moment en què ell **es lliurarà per amor,** patirà la passió i la mort, i serà ressuscitat pel Pare.

## Una lectura profunda del signe

La vida del cristià és una **relació d'amor amb Déu** (simbolitzada amb les noces) que es viu en alegria i felicitat (el vi). Però de vegades falta aquesta **alegria** i arriba la desgràcia; en aquests moments només **Jesús** pot alliberar-nos (per això Maria acudeix a ell).

Fins aquí, el cristianisme pot semblar una religió de petits miracles força ridícula —molta gent pensa que és així—, com si a cada problema, Déu ens enviés una solució, un pegat, un arranjament. Si fos així, el cristianisme seria una religió infantilitzant, que no deixa créixer les persones, ni les deixa actuar per si mateixes. Per això Maria diu: «Feu el que ell us digui», perquè fa falta que el cristià **accepti lliurement seguir Jesús,** que s'esforci, que visqui la seva vida profundament, que desenvolupi les seves capacitats.

N'hi ha prou amb això? Simplement seguir el que Jesús ens ha dit —en resum, el Manament de l'Amor— és suficient? No, per això trobem la frase estranya de Jesús: «Encara no ha arribat la meva hora». És a dir, la salvació, l'**alliberament definitiu,** la que retornarà l'alegria a la vida de les persones passa per l'«**hora**» de **Jesús,** pel seu lliurament a la creu per amor pur, per la seva passió, mort i resurrecció. Perquè la salvació de la humanitat no és un «pegat» que Déu posa en el món, una «reparació», sinó la renovació, la **creació nova** que suposa que Déu mateix ha vingut a estimar-nos amb amor humà i a donar la seva vida per nosaltres.

I el text acaba insistint que tot el que s'ha esdevingut és un **signe** o un **senyal**. L'important de tot no és el miracle —l'Evangeli de Joan ni tan sols usa la paraula «miracle»—, sinó el símbol que, si la persona vol, pot comprendre per contemplar la glòria de Jesús, la seva identitat veritable, la seva veritat més profunda: **Jesús és el Fill de Déu** que ha vingut a estimar-te totalment, encara que hagi de patir i morir per tu.

a) En aquest text no hi ha una transformació en la mare de Jesús, però sí que n'hi ha una en la festa de les noces:
  - Quin problema hi ha?
  - Com actuen Maria i Jesús?
  - Com és la situació final?

b) Quines transgressions culturals fa Jesús en aquesta escena?

c) Llegeix el text del Gènesi i compara'l amb l'escena de les noces de Canà:

> Llavors la dona, veient que el fruit de l'arbre era bo per a menjar i feia goig de veure, i que era temptador de tenir aquell coneixement, en va collir i en va menjar; i va donar-ne també al seu home, que en menjà amb ella. Llavors a tots dos se'ls obriren els ulls i es van adonar que anaven nus. Van cosir fulles de figuera i se'n feren faldars.
> Gn 3,6-7

  - Què veu Eva? Què veu Maria?
  - Quin sentiment li produeix a Eva el que veu? I a Maria?
  - A favor de qui s'adreça l'acció d'Eva? I la de Maria?
  - Quin resultat obté l'acció d'Eva? I la de Maria?

d) En la teva vida, quan has tingut moments alegres, d'on t'ha vingut l'alegria? I en els moments tristos, d'on et ve la tristesa?

# BIOGRAFIES

# Biografies

Oferim a continuació unes biografies breus dels personatges que se citen en l'última pàgina de cada unitat, en l'apartat «Així va dir...», on es reprodueix una frase d'aquests personatges.

### Santa Teresa de Jesús

Teresa de Cepeda y Ahumada va néixer a Gotarrendura (Àvila) el 1515. És coneguda com a Teresa de Jesús (el seu nom de religiosa) i com a Teresa d'Àvila (per la seva procedència). En la infància i la joventut va ser molt aficionada a la lectura, sobretot de llibres de cavalleries, biografies de sants i poemes.

D'amagat de la família, va ingressar el 1534 en un convent carmelita d'Àvila. Allí va canviar les lectures per obres místiques i espirituals. Va començar a experimentar experiències sobrenaturals, com episodis d'èxtasi. Davant del dubte sobre l'origen d'aquestes experiències, les va confessar a Francesc de Borja (futur sant), qui la va convèncer que continués per aquest camí, ja que podien ser experiències inspirades per Crist mateix. Ella va aprofundir en la vida espiritual i a partir de 1559, ja convençuda totalment de la bondat de les seves intuïcions espirituals, va començar a traslladar aquestes experiències a poemes místics. Teresa es va convertir, doncs, en el cim de la poesia mística en castellà del Segle d'Or.

Així mateix, va traslladar a obres en prosa, com *Camino de perfección* o *Las moradas*, el mètode que ella seguia per unir la seva ànima amb el Senyor: la pregària de recolliment, la pregària de la calma i la pregària de la unió.

A partir de 1562 va centrar els seus esforços a reformar el seu propi ordre carmelita, per a retornar-li el rigor, la pobresa i l'espiritualitat originals. En aquesta tasca va tenir molts enemics i moltes dificultats, però va comptar amb l'ajuda d'importants sants de l'època, com el franciscà Pere d'Alcántara i el carmelita Joan de la Creu, també poeta místic com ella.

Va escriure unes constitucions per a les carmelites reformades (que van ser també adoptades després per la branca masculina) i es va dedicar a fundar nous convents on les monges visquessin en pobresa, pregària i fraternitat.

Va emmalaltir en un dels seus viatges i va morir a Alba de Tormes (Salamanca) el 1582. Va ser beatificada el 1614 i canonitzada el 1622. Per la riquesa espiritual i la qualitat literària dels seus escrits, va ser la primera dona a ser proclamada Doctora de l'Església.

### Sant Anselm de Canterbury

Anselm va néixer a Aosta (Itàlia) el 1033, en el si d'un llinatge de la noblesa piemontesa. Malgrat la benèfica influència de la mare, va tenir una joventut molt dissipada que va culminar amb una discussió amb el pare i amb la fugida de casa.

Per terres franceses va començar els seus estudis i més tard, el 1060, en sentir parlar de Lanfranc, prior de l'abadia de Bec, a Normandia, famós per la seva extensa cultura, va ingressar en aquest monestir benedictí. Allí comença a escriure una àmplia obra filosòfica i teològica. El 1063 succeeix Lanfranc com a prior de Bec, i el 1078 el succeeix com a abat. L'última etapa de la seva vida, i la més fructífera intel·lectualment, és la d'arquebisbe de Canterbury, a Anglaterra, a partir de 1093.

Anselm ocupa un lloc privilegiat en la història del pensament cristià per la seva obstinació a buscar un enteniment racional de tot allò que ha estat revelat per la fe. Aquest intent d'unió entre filosofia i teologia rep el nom d'*escolàstica*, que serà el tipus de pensament predominant durant la Baixa Edat Mitjana (amb figures com sant Tomàs d'Aquino), i es considera que va ser inaugurat per Anselm de Canterbury.

Va morir a Canterbury el 1109, i és venerat tant per catòlics com per anglicans des de la seva canonització el 1494.

### Beat Óscar Romero

Óscar Arnulfo Romero y Galdámez va néixer a Ciudad Barrios (El Salvador) el 1917, en el si d'una família humil i profundament religiosa. Va sentir la vocació sacerdotal i va estudiar en diversos seminaris salvadorencs, fins que, a causa de les seves capacitats intel·lectuals, va ser enviat a acabar els estudis teològics a Roma. Va ser ordenat sacerdot el 1942.

Va tornar a El Salvador i va exercir com a rector en diverses localitats del seu país. El 1970 va ser nomenat bisbe, primer com a auxiliar de San Salvador i després com a titular de Santiago de María. El 1977 va ser nomenat arquebisbe de San Salvador, en una decisió que va causar sorpresa, perquè molta gent no veia Monsenyor Romero —que llavors tenia una certa fama de preocupar-se poc pels temes socials— com l'home adequat per liderar l'Església salvadorenca en un moment de tensions socials i polítiques greus.

No obstant això, al cap de poc temps de ser nomenat, va mostrar una gran determinació en la defensa dels pobres, en el desemmascarament del frau que es duia a terme en les eleccions i en la denúncia de la persecució que estava sofrint l'Església per part dels esquadrons paramilitars, que, amb l'excusa de reprimir la guerrilla, massacraven poblacions senceres d'indígenes i també els sacerdots que els defensaven.

La presa de posició clara contra el govern salvadorenc i contra les manipulacions el van fer famós internacionalment, però també el van posar en el punt de mira dels poderosos del país. Va sofrir diversos intents frustrats d'assassinat, fins que el 1980 va rebre un tret d'un franctirador (pagat pel polític fundador dels «esquadrons de la mort») mentre celebrava la missa.

La seva mort va commocionar el món sencer. El Salvador va entrar en la cruel guerra civil que Monsenyor Romero havia volgut evitar a tot preu. Fins molts anys després no es va poder investigar lliurement el seu assassinat.

Mentrestant, moltes comunitats catòliques i d'altres confessions cristianes de l'Amèrica Llatina i del món sencer van prendre Monsenyor Romero com a exemple, fins al punt que és habitual sentir parlar de «Sant Romero d'Amèrica». Finalment, el 2015, el papa Francesc va proclamar màrtir Monsenyor Romero, que va ser beatificat en una multitudinària cerimònia a San Salvador, ja amb el país reconciliat, com ell sempre havia volgut.

### Santa Lluïsa de Marillac

Lluïsa va néixer a París el 1591. Era filla natural d'un noble que va morir quan ella tenia 13 anys. Com que no va conèixer la mare i va ser òrfena de pare, la seva educació va anar a càrrec d'una tieta monja. Després de la mort de la tieta, va pensar a ingressar en algun orde religiós, però el seu oncle, un influent polític, li va aconsellar que es casés i li va arranjar un matrimoni, que es va celebrar el 1613. La parella va tenir un fill, però aviat el marit va contreure una greu malaltia que el va prostrar al llit durant anys. Lluïsa es va dedicar totalment a la seva família fins al 1623, quan el seu espòs va morir.

Lluïsa sempre havia mantingut l'anhel de fer-se religiosa, però el que més l'atreia era dedicar-se a l'atenció social dels pobres. Enmig d'aquests dubtes, va conèixer Vicenç de Paül, que es va convertir en el seu director espiritual el 1625. Amb l'ajuda de Vicenç, Lluïsa es va posar a la feina en la dura tasca d'organitzar l'assistència social a França, que fins aquell moment era en mans de senyores riques cristianes que hi aportaven recursos però no atenien personalment els pobres.

Lluïsa es va envoltar de joves humils i animoses, a qui va preparar per atendre els necessitats (sobretot en hospitals, asils, orfenats, presons, centres psiquiàtrics…) i també perquè tinguessin una vida interior rica. Així van néixer les Filles de la Caritat. La seva fama de dedicació plena als malalts va fer que se'ls encarregués en poc temps l'atenció d'un gran nombre d'hospitals. Lluïsa va morir a París el 1660, després d'haver fundat més de 30 comunitats de Filles de la Caritat. Va ser canonitzada el 1934 i actualment és la patrona dels treballadors socials i dels cuidadors.

### Sant Josep de Calassanç

Josep de Calassanç va néixer a Peralta de la Sal (Llitera, Aragó) el 1557. Era el més petit de vuit germans. Va estudiar a Estadilla i, després de vèncer l'oposició paterna al seu anhel de fer-se sacerdot, va cursar els estudis eclesiàstics a Lleida, València i Alcalá de Henares.

Ordenat sacerdot, va viatjar a Roma, contractat com a preceptor per una rica família romana. Però allí va viure un terrible desbordament del riu Tíber, amb més de mil morts i nombroses famílies que es van quedar sense sostre. Josep es va dedicar a ajudar les famílies necessitades.

Va ser en aquest treball als barris pobres de Roma on Josep es va fixar en la gran quantitat de nens sense escolaritzar que hi havia pels carrers. En aquell temps l'educació era un privilegi de les classes altes, i s'impartia gairebé sempre de forma individual.

Amb grans dificultats, sobretot econòmiques, i al principi amb l'oposició de les autoritats i una gran manca de col·laboradors, Josep va obrir en un barri pobre de Roma, el 1597, la que va ser la primera escola gratuïta d'Europa: l'Escola Pia. Va dedicar la resta de la seva llarga vida a aquest objectiu: obrir el major nombre possible d'escoles per a nens pobres, buscar col·laboradors per a aquesta tasca i proporcionar als mestres un mètode pedagògic i una organització dels estudis que permetessin alfabetitzar tothom de forma sistemàtica. Va ser també un gran defensor de l'ensenyament de les llengües vernacles, a més del llatí.

La seva obra es va mantenir i es va expandir gràcies a la fundació de la congregació de clergues regulars de l'Escola Pia (escolapis). El seu carisma ha estat seguit també per altres ordes, com per exemple, en l'educació de les nenes, el de les escolàpies i el de les calassàncies.

Josep de Calassanç va morir a Roma el 1648, va ser beatificat el 1748 i canonitzat el 1767.

# BIOGRAFIES

## Santa Maria Mazzarello

Va néixer el 9 de maig de 1837 a Mornese, un poblet del Piemont, al nord d'Itàlia. De 1843 a 1858 va viure amb els pares i els sis germans a la Valponasca, una masia propera al poble. Va treballar a les vinyes al costat del pare i va assumir les feines de casa més dures. Res no l'aturava per participar sempre que li era possible en l'Eucaristia que se celebrava a la parròquia, encara que per això hagués de matinar molt i recórrer tot el camí fins a Mornese sota la neu.

L'any 1858, la família Mazzarello va tornar a Mornese, Maria tenia 21 anys. Aquest canvi li va permetre participar més sovint en el grup de la Pia Unió de les Filles de la Immaculada, integrat per altres joves del poble i dirigit per Don Pestarino, el rector.

Quan el 1860 va esclatar el tifus a Mornese, Maria Mazzarello tenia 23 anys. Va contreure la malaltia després de cuidar els oncles i va perdre totes les forces físiques per a treballar al camp. Però la seva vida va prendre un rumb decidit cap al servei a les joves més pobres. Va aprendre a cosir amb la seva amiga Peronella i el 1862 van muntar un taller de costura per a les nenes de Mornese. El 1863 van iniciar l'Oratori dominical, en el qual combinaven els moments de pregària i catequesi amb els jocs i les excursions a l'aire lliure. L'octubre de 1867, Maria Mazzarello i altres joves van deixar les seves famílies per a viure juntes a la casa parroquial.

La trobada amb Don Bosco, el 1864, serà definitiva per al naixement de l'Institut de les Filles de Maria Auxiliadora o salesianes. Maria Mazzarello descobreix que aquell sacerdot està fent a Torí amb els nois pobres el mateix que ella amb les noies més pobres a Mornese. El 5 d'agost de 1872, Maria Mazzarello i unes altres 14 joves es converteixen en les primeres salesianes.

Malgrat la pobresa dels inicis, el nombre de salesianes va créixer ràpidament i aviat es van obrir altres cases i altres col·legis per Itàlia. El 1877 van partir, juntament amb els salesians, les primeres missioneres cap a Amèrica i van obrir una casa a l'Uruguai.

Maria Mazzarello es va convertir en la superiora del nou Institut. Totes, nenes, germanes i mestres, la imitaven per la força del seu exemple i la solidesa dels seus ensenyaments.

La seva vida va arribar a la fi el dia 14 de maig de 1881, als 44 anys. Va deixar l'Institut, que amb prou feines tenia 9 anys de vida, estès per 4 nacions, amb 26 cases, 166 germanes i 50 novícies.

El 1951 l'Església la va proclamar santa, posant en relleu que havia viscut l'Evangeli amb senzillesa i alegria i s'havia lliurat generosament a l'educació de les nenes i joves més necessitades.

## Pere Casaldàliga

Pere Casaldàliga Pla va néixer a Balsareny (Bages) el 1928, en una família de camperols. Va estudiar al seminari de Vic, va ser ordenat sacerdot el 1952 i es va unir a la congregació dels claretians.

Durant la joventut va exercir com a sacerdot en diverses presències claretianes de Catalunya, Aragó i Madrid. El 1968 es va traslladar al Brasil per fundar una missió a l'empobrida regió del Mato Grosso, una zona amb greus injustícies sofertes per la població indígena. La denúncia clara d'aquestes injustícies va posar en contra de Casaldàliga els terratinents i les autoritats militars de l'època.

El 1971, la zona de Sao Félix do Araguaia va ser convertida en prelatura i Casaldàliga en va ser nomenat el primer bisbe. Les amenaces dels terratinents no van disminuir, sinó al contrari: el 1977 el vicari episcopal va ser assassinat perquè el van confondre amb Casaldàliga.

La seva lluita a favor dels desafavorits el va apropar a la teologia de l'alliberament, nascuda a l'Amèrica Llatina i de la qual ell va passar a formar part amb els seus gestos i amb els seus escrits. A més dels seus llibres de teologia i d'espiritualitat, han estat també molt divulgats a Amèrica i a Europa els seus llibres de poemes (sol escriure en portuguès, en castellà i en català), on mescla, com en tota la seva trajectòria, denúncia, esperança i una profunda fe en el Jesús alliberador dels pobres.

La seva crida perquè l'Església sigui pobra i es posicioni clarament en contra de les dictadures i de les injustícies li va costar crítiques d'una part de l'episcopat brasiler, crítiques que el van obligar a viatjar al Vaticà el 1988 per a exposar al Papa la seva posició.

Va presentar la dimissió com a bisbe quan va complir els 75 anys i va ser rellevat el 2005, però ell va decidir no tornar a Europa, sinó romandre al Mato Grosso per continuar la seva defensa dels més desafavorits.

# ECOLOGIA INTEGRAL

# ECOLOGIA INTEGRAL

En la festa de Pentecosta de l'any 2015 el papa Francesc va sorprendre el món sencer amb la publicació d'una interessantíssima *Carta encíclica sobre l'ecologia i el medi ambient (Laudato si')*, adreçada a tota la humanitat. Es tracta d'un tema d'evident actualitat que és objecte de debat arreu del món.

El març de 2016, edebé va publicar, amb el títol d'*Ecologia integral*, una edició de l'encíclica que és fruit d'una lectura de la Carta amb joves, per part d'un grup coordinat per F. Riu. Per convidar al debat, inclou uns comentaris i unes pautes de reflexió.

Adjuntem a continuació, per l'interès que pot tenir per a l'alumnat de 4t d'ESO, uns fragments seleccionats de l'encíclica amb els comentaris i les pautes de reflexió corresponents extrets del llibre *Ecologia integral.*

## Deterioració de la qualitat de la vida humana i degradació social

### (Capítol 1, IV)

**43 Els éssers humans també som criatures d'aquest món, tenim dret a viure i a ser feliços, i gaudim d'una dignitat única.**

Per tant, no podem deixar de considerar els efectes de la degradació mediambiental, de l'actual model de desenvolupament i de la cultura del rebuig, en la vida de les persones.

**44 El creixement desmesurat i desordenat de moltes ciutats, les ha fet insalubres per viure-hi, a causa no solament de la contaminació originada per les emissions tòxiques, sinó també a causa del caos urbà, dels problemes del transport, i de la contaminació visual i acústica.**

Moltes ciutats són grans estructures que gasten energia i aigua en excés. Hi ha barris que, encara que hagin estat construïts recentment, estan congestionats i desordenats, sense espais verds adequats. No és propi d'habitants d'aquest planeta viure cada vegada més envoltats de ciment, asfalt, vidre i metalls, privats del contacte físic amb la natura.

**45 En alguns llocs, rurals i urbans, la privatització dels espais ha fet que l'accés dels ciutadans a zones de particular bellesa sigui difícil.**

En d'altres, es creen urbanitzacions «ecològiques» només per al servei d'uns pocs, de tal manera que es pot evitar que els altres hi entrin i així es manté una tranquil·litat artificial.

Hi ha ciutats amb espais verds i molt ben cuidats en algunes àrees anomenades «més segures», però no tant en les zones menys visibles, on viuen els exclosos de la societat.

**46 Entre els components socials del canvi global, s'hi inclouen les conseqüències laborals d'algunes innovacions tecnològiques.**

Algunes d'aquestes conseqüències es manifesten sobretot en l'àmbit laboral, com ara l'exclusió social, la injustícia en la disponibilitat i el consum d'energia i d'altres serveis, la fragmentació social, l'augment de la violència i l'aparició de noves formes d'agressivitat social, el narcotràfic i el consum creixent de drogues entre els més joves, la pèrdua d'identitat, etc.

Aquests efectes són signes que mostren que el creixement dels darrers dos segles no ha significat un veritable progrés integral i una millora de la qualitat de vida.

**47** Quan els mitjans de comunicació i el món digital es fan omnipresents, la seva influència pot dificultar que les persones aprenguin a viure sàviament, a pensar en profunditat i a estimar amb generositat.

En aquest context, els grans savis del passat corren el risc de no ser escoltats enmig del soroll de les distraccions i de l'excés d'informació. Això ens exigeix un esforç perquè aquests mitjans es tradueixin en un nou progrés cultural de la humanitat i no en una deterioració de la seva riquesa més profunda.

*La veritable saviesa,* producte de la reflexió, del diàleg i del trobament generós entre les persones, no s'aconsegueix amb una mera acumulació de dades que provoca saturació i confusió, en una espècie de contaminació mental.

*Les relacions reals amb els altres,* amb tots els desafiaments que impliquen, tendeixen a ser reemplaçades per un tipus de comunicació a través d'Internet que ens permet seleccionar o eliminar relacions segons el nostre albir; així se sol generar un nou tipus d'emocions artificials, que tenen més a veure amb dispositius i pantalles que no pas amb les persones i la natura.

Els mitjans actuals permeten que ens comuniquem i que compartim coneixements i afectes. Tanmateix, a vegades també ens impedeixen que establim contacte directe amb l'angoixa, els temors, les satisfaccions dels altres, i amb la complexitat de les seves experiències personals.

Per tot això, ens cal ser conscients que, juntament amb l'aclaparadora oferta d'aquests productes tecnològics, també pot aparèixer una profunda i melangiosa insatisfacció en les relacions interpersonals, o bé un perillós sentiment de soledat.

## COMENTARI

### La progressiva DEGRADACIÓ SOCIAL és un mal que afecta tothom

Una de les idees que sovint apareixen en els escrits del papa Francesc és la de la interconnexió entre tot el que succeeix en el planeta.

Segons la seva opinió, en el món global els compartiments estancs no existeixen. Per això, no ens ha de sorprendre que, en referir-se a la degradació social, subratlli aquesta idea: la degradació de la natura afecta la convivència.

Sobre aquesta qüestió, Francesc ha afirmat que algunes innovacions tecnològiques estan donant lloc a greus conseqüències de caràcter social que es posen de manifest en àmbits molt diversos: l'ocupació, l'exclusió social, la falta d'equitat en la distribució i el consum d'energia, la fragmentació social, l'augment de la violència i de noves formes d'agressivitat, l'augment del consum de drogues entre els més joves, la pèrdua d'identitat, etc.

Acceptem que això és així, i que els avenços tecnològics no sempre han conduït a un veritable progrés integral i a una millora de la qualitat de vida dels ciutadans.

El Papa insisteix molt en aquesta idea: la degradació del medi ambient és causa d'una profunda degradació social.

## PAUTES DE REFLEXIÓ

- Has estat testimoni d'algunes de les conseqüències negatives dels avenços tecnològics? T'han afectat?

- Quines mesures caldria adoptar per tal d'evitar aquestes conseqüències en el nostre entorn social?

## COMENTARI

### La COMUNICACIÓ DIGITAL suposa un gran progrés, però també comporta riscos

En la descripció de les múltiples causes del canvi global, Francesc no ha deixat d'al·ludir a la repercussió dels mitjans que el món digital ha posat a la nostra disposició, en totes les dimensions de la vida personal i social, i sobretot en els països anomenats «rics».

En concret, ha estat molt valent en afirmar que «quan els mitjans de comunicació i el món digital es fan omnipresents, la seva influència pot dificultar que les persones aprenguin a viure sàviament, a pensar en profunditat i a estimar amb generositat»

Una afirmació com aquesta requereix una justificació. Ha escrit: «Les relacions reals amb els altres, amb tots els desafiaments que impliquen, tendeixen a ser reemplaçades per un tipus de comunicació a través d'Internet que ens permet seleccionar o eliminar les relacions segons el nostre albir; així se sol generar un nou tipus d'emocions artificials, que tenen més a veure amb dispositius i pantalles que no pas amb les persones i la natura. Els mitjans actuals permeten que ens comuniquem i que compartim coneixements i afectes.

[...] Per tot això, ens cal ser conscients que, juntament amb l'aclaparadora oferta d'aquests productes tecnològics, també pot aparèixer una profunda i melangiosa insatisfacció en les relacions interpersonals, o bé un perillós sentiment de soledat».

## PAUTES DE REFLEXIÓ

- Els nous mitjans de comunicació, et serveixen per *apropar-te als altres* i compartir la seva vida i les seves preocupacions, o bé *per allunyar-te'n*?

- Ets dependent dels recursos tecnològics, en comptes de considerar-los instruments útils al servei del nostre propi desenvolupament i del progrés social?

# Destinació comuna dels béns

## (Capítol 2, VI)

**93 Avui creients i no creients estem d'acord que la terra és una herència comuna, els fruits de la qual han de beneficiar tothom.**

Per als creients, això es converteix en una qüestió de fidelitat al Creador, perquè Déu va crear el món per a tots. Per consegüent, qualsevol plantejament ecològic ha d'incorporar una perspectiva social que tingui en compte els drets fonamentals dels més postergats.

El principi de la subordinació de la propietat privada a la destinació universal dels béns i, per tant, al dret universal al seu ús constitueix la regla d'or del comportament social i el «primer principi de tot l'ordenament ètic i social», va escriure Joan Pau II.

Per això, la tradició cristiana mai no ha reconegut el dret a la propietat privada com a absolut o intocable, i ha subratllat la funció social de qualsevol forma de propietat privada. El mateix Joan Pau II va recordar amb molt d'èmfasi aquesta doctrina, dient que «Déu ha donat la terra a tot el gènere humà perquè aquesta sustenti tots els seus habitants, *sense excloure ningú ni privilegiar ningú*». Són paraules realment dures.

També va remarcar que «no seria veritablement digne de l'home un tipus de desenvolupament que no respectés i promogués els drets humans (personals i socials, econòmics i polítics), incloent-hi els drets dels pobles i de les nacions». Amb tota claredat va explicar que «l'Església defensa, sí, el legítim dret a la propietat privada, però ensenya amb no menys claredat que tota propietat privada està gravada per una hipoteca social, per tal que els béns serveixin a la destinació general que Déu els ha donat».

Per tant, el mateix Papa també afirmà que «no és conforme amb el designi de Déu usar aquest do de tal manera que els seus beneficis afavoreixin només uns pocs».

Aquests principis qüestionen seriosament els hàbits injustos d'una part de la humanitat.

**94 El ric i el pobre tenen igual dignitat, perquè «a tots dos els ha fet el Senyor» (Proverbis 22, 2); «Ell ha fet tant el petit com el gran» (Saviesa 6, 7), i «fa sortir el sol sobre dolents i bons» (Mateu 5, 45).**

Això té conseqüències pràctiques, com les que enunciaren els bisbes del Paraguai: «Tot camperol té dret natural a posseir un lot racional de terra on pugui establir la seva llar, treballar per a la subsistència de la seva família i tenir seguretat existencial. Aquest dret ha d'estar garantit perquè el seu exercici no sigui il·lusori sinó real. La qual cosa significa que, a més del títol de propietat, el camperol ha de comptar amb mitjans d'educació tècnica, crèdits, assegurances i comercialització».

**95 El medi ambient és un bé col·lectiu, patrimoni de tota la humanitat i responsabilitat de tothom.**

Si ens apropiem d'alguna cosa és només per administrar-la en bé de tots. Si no ho fem, carreguem sobre la nostra consciència el pes de negar l'existència dels altres.

Per això, els bisbes de Nova Zelanda es van preguntar què significa el manament «No mataràs» quan «un vint per cent de la població mundial consumeix recursos en tal mesura que roba a les nacions pobres, i també a les generacions futures, el que necessiten per sobreviure».

## COMENTARI

### La TERRA és un do que ha de beneficiar tothom

«La terra és una herència comuna, els fruits de la qual han de beneficiar tothom», afirma el papa Francesc.

De manera molt clara, ell ha explicat que, si bé l'Església sempre ha defensat el dret a la propietat privada, també ha dit que l'exercici d'aquest dret ha d'estar subordinat a la destinació universal dels béns creats.

Quan el meu germà passa gana, jo no puc fer prevaldre el meu dret a la propietat privada per romandre indiferent, evitant de prestar-li l'ajut que necessita.

La terra és de tots, i els recursos naturals han d'alimentar tothom. El contrari és una injustícia que no pot combinar-se amb la fe en un Déu creador que ha posat la terra en les nostres mans perquè sigui útil a tothom.

Aquest principi ha de restar molt clar, i el papa Francesc l'ha justificat rotundament: la propietat privada no és objecte d'un dret absolut, sinó que està subordinada al destí universal de tots els béns creats, perquè la terra i els seus fruits han d'estar al servei del bé comú.

Per això ha tingut la gosadia d'afirmar que aquesta manera de concebre la propietat privada posa en qüestió els hàbits injustos d'una part de la societat. No ens ha de sorprendre que alguns l'hagin acusat de «comunista».

## PAUTES DE REFLEXIÓ

- Aquest principi relatiu a la propietat privada, és acceptat en la nostra societat? Si no, per què no?
- Les lleis vigents en el nostre país, creus que respecten aquesta manera de pensar del papa Francesc?

### Pregària per la nostra terra

### (Capítol 6, IX)

**246 Després d'aquesta prolongada reflexió, joiosa i dramàtica alhora, us proposo una pregària.**

Podem compartir aquesta pregària amb tots els qui creiem en un Déu creador.

Déu omnipotent,

present en tot l'univers i en la més petita de les vostres criatures,

vós que envolteu amb la vostra tendresa tot el que existeix,

vesseu en nosaltres la força del vostre amor

perquè tinguem cura de la vida i de la bellesa.

Inundeu-nos de pau,

perquè visquem com a germans i germanes sense fer mal a ningú.

Pare dels pobres,

ajudeu-nos a rescatar els abandonats i oblidats d'aquesta terra,

que tant valen als vostres ulls.

Guariu les nostres vides

perquè siguem protectors del món i no pas depredadors,

perquè sembrem formosor i no pas contaminació i destrucció.

Toqueu els cors

dels qui busquen només beneficis a costa dels pobres i de la terra.

Ensenyeu-nos a descobrir el valor de cada cosa,

a contemplar amb admiració,

a reconèixer que estem profundament units

amb totes les criatures

en el nostre camí cap a la vostra llum infinita.

Gràcies perquè esteu amb nosaltres cada dia.

Encoratgeu-nos, si us plau, en la nostra lluita per la justícia, l'amor i la pau.

Francesc

## COMENTARI

### La PREGÀRIA que ens proposa el papa Francesc

La Carta que hem comentat conclou amb una pregària que podrà ser compartida per les persones que creuen en un Déu creador, encara que professin religions diferents.

## PAUTES DE REFLEXIÓ

- Recorre a la teva creativitat i redacta una breu pregària inspirant-te en les propostes del papa Francesc.
- Pots compartir aquesta pregària amb altres persones amigues.

TEXTOS

## Normes per a la convivència

Que l'amor no sigui fingit. Fugiu del mal, abraceu-vos al bé. Estimeu-vos afectuosament com a germans, avanceu-vos a honorar-vos els uns als altres. Esforceu-vos a ser sol·lícits. Sigueu fervents d'esperit, serviu el Senyor.

Que l'esperança us ompli d'alegria. Sigueu pacients en la tribulació, constants en l'oració. Feu-vos solidaris de les necessitats del poble sant. Practiqueu amb deler l'hospitalitat. Beneïu els qui us persegueixen. Beneïu, no maleïu. Alegreu-vos amb els qui estan alegres, ploreu amb els qui ploren. Viviu d'acord els uns amb els altres. No aspireu a grandeses, sinó poseu-vos al nivell dels humils. No us tingueu per savis. No torneu a ningú mal per mal; mireu de fer el bé a tothom. Si és possible, i fins on depengui de vosaltres, estigueu en pau amb tothom. Estimats, no us prengueu la justícia per la vostra mà; deixeu que actuï el càstig de Déu, tal com diu l'Escriptura: «A mi em toca de passar comptes, jo donaré la paga», diu el Senyor. Més aviat, si el teu enemic té fam, dóna-li menjar; si té set, dóna-li beure: serà com si posessis brases sobre el seu cap.

No et deixis vèncer pel mal; al contrari, venç el mal amb el bé.

Rm 12,9-21

Unitat 1, pàg. 13, act. 11

## Discurs de comiat

«Que els vostres cors s'asserenin. Creieu en Déu, creieu també en mi. A casa del meu Pare hi ha lloc per a molts; si no n'hi hagués, us podria dir que vaig a preparar-vos-hi estada? I quan hauré anat a preparar-vos-la, tornaré i us prendré amb mi, perquè també vosaltres estigueu allà on jo estic. I allà on jo vaig, ja sabeu quin camí hi porta». Tomàs li pregunta: «Senyor, si ni tan sols sabem on vas, com podem saber quin camí hi porta?». Jesús li respon: «Jo sóc el camí, la veritat i la vida. Ningú no arriba al Pare si no és per mi. Si m'heu conegut a mi, també coneixereu el meu Pare. I des d'ara ja el coneixeu i l'heu vist». Li diu Felip: «Senyor, mostra'ns el Pare, i no ens cal res més». Jesús li respon: «Felip, fa tant de temps que estic amb vosaltres, i encara no em coneixes? Qui m'ha vist a mi ha vist el Pare. Com pots dir que us mostri el Pare? No creus que jo estic en el Pare i el Pare està en mi? Les paraules que jo us dic, no les dic pel meu compte. És el Pare qui, estant en mi, fa les seves obres. Creieu-me: jo estic en el Pare i el Pare està en mi; i, si més no, creieu per aquestes obres. Us ho ben asseguro: qui creu en mi, també farà les obres que jo faig, i encara en farà de més grans, perquè jo me'n vaig al Pare. I tot allò que demanareu al Pare en nom meu, jo ho faré; així el Pare serà glorificat en el Fill. Sempre que demaneu alguna cosa en nom meu, jo la faré».

Jn 14,1-14

Unitat 2, pàg. 23, act. 11

## El sepulcre buit

El diumenge, Maria Magdalena se'n va anar al sepulcre de bon matí, quan encara era fosc, i veié que la pedra havia estat treta de l'entrada del sepulcre. Llavors se'n va corrents a trobar Simó Pere i l'altre deixeble, aquell que Jesús estimava, i els diu: «S'han endut el Senyor fora del sepulcre i no sabem on l'han posat». Pere i l'altre deixeble van sortir cap al sepulcre. Corrien tots dos junts, però l'altre deixeble s'avança a Pere i va arribar primer al sepulcre, s'ajupí i veié aplanat el llençol d'amortallar, però no hi va entrar. Després arribà també Simó Pere, que el seguia, i va entrar al sepulcre; veié aplanat el llençol d'amortallar, però el mocador que li havien posat al cap no estava aplanat com el llençol, sinó que continuava lligat a part.

Llavors va entrar també l'altre deixeble, que havia arribat primer al sepulcre, ho veié i cregué. De fet, encara no havien entès que, segons l'Escriptura, Jesús havia de ressuscitar d'entre els morts. I els dos deixebles se'n tornaren a casa.

Jn 20,1-10

Unitat 2, pàg. 23, act. 12

### L'aparició de Déu a Mambré

El Senyor s'aparegué a Abraham a les Alzines de Mambré. Abraham seia a l'entrada de la tenda, quan la calor del dia era més forta, i va veure tres homes drets a prop d'ell. Tan bon punt els veié, corregué a trobar-los des de l'entrada de la tenda, es va prosternar fins a tocar a terra i digué: «Senyor, si m'has concedit el teu favor, et prego que no passis de llarg sense aturar-te aquí amb el teu servent. Permeteu que portin aigua per a rentar-vos els peus i reposeu a l'ombra d'aquest arbre. Entretant aniré a buscar alguna cosa per menjar, i refareu les forces abans de continuar el camí. És per això que heu passat prop del vostre servent». Ells li van respondre: «Fes tal com has dit».

Abraham entrà de pressa a la tenda i digué a Sara: «Corre, pren tres mesures de farina blanca, pasta-la i fes-ne panets». Després va córrer cap al ramat, trià un vedell tendre i gras i el donà al mosso perquè el preparés de seguida. Quan l'animal ja era a punt, va prendre mató, llet i la carn del vedell, els ho serví i es quedà dret al costat d'ells a l'ombra de l'alzina, mentre ells menjaven. Llavors li van preguntar: «On és Sara, la teva esposa?». Abraham va respondre: «És dintre la tenda». Un dels hostes va afegir: «L'any vinent tornaré per aquest temps i Sara, la teva esposa, haurà tingut un fill». Sara ho sentia des de l'entrada de la tenda, darrere d'Abraham. Abraham i Sara ja eren vells, carregats d'anys. Sara, que ja havia passat l'edat de tenir fills, es posà a riure per dins tot dient-se: «A les meves velleses tornaré a sentir plaer, ara que el meu marit, el meu senyor, també és vell?». El Senyor digué a Abraham: «Com és que Sara ha rigut pensant que una dona tan vella no pot tenir fills? Hi ha res impossible per al Senyor? L'any vinent tornaré per aquest temps i Sara haurà tingut un fill». Sara, mentint per por, va assegurar que no havia rigut, però ell va insistir: «Sí que has rigut!».

Gn 18,1-15

### El vedell d'or

El poble, veient que Moisès trigava a baixar de la muntanya, es va aplegar al voltant d'Aaron i li digué: «Fes-nos uns déus que vagin davant nostre, perquè d'aquest Moisès que ens ha tret del país d'Egipte no sabem què se n'ha fet». Aaron els respongué: «Traieu les arracades d'or de les orelles de les vostres dones, dels vostres fills i de les vostres filles i porteu-me-les». Aleshores tot el poble es va treure les arracades d'or de les orelles i les van portar a Aaron. Ell va recollir l'or que li presentaven i en va fer un vedell de fosa, que modelà amb el cisell. Ells exclamaren: «Aquests són els teus déus, Israel, que t'han tret del país d'Egipte!». Aaron, veient això, va aixecar un altar davant l'estàtua i proclamà: «Demà serà dia de festa en honor del Senyor!». L'endemà, doncs, el poble es va llevar de bon matí, oferí holocaustos i va immolar víctimes com a sacrificis de comunió. Després es van asseure a menjar i beure, i acabat s'aixecaren per divertir-se.

El Senyor digué a Moisès: «Baixa de pressa, perquè el teu poble, que tu havies tret del país d'Egipte, s'ha pervertit. De seguida s'han desviat del camí que jo els indicava. S'han fabricat un vedell de fosa i es prosternen al seu davant, li ofereixen sacrificis i diuen: "Aquests són els teus déus, Israel, que t'han tret del país d'Egipte!"». El Senyor va afegir: «Veig com és aquest poble: sempre va a la seva. Ara, doncs, deixa'm que s'encengui contra ells la meva indignació i els extermini. Després faré de tu un gran poble».

Però Moisès apaivagava el Senyor, el seu Déu, dient: «Senyor, per què s'ha d'encendre el teu enuig contra el teu poble, que tu has fet sortir del país d'Egipte amb gran poder i amb mà forta? Permetràs que els egipcis diguin: "Els va fer sortir amb mala intenció, per matar-los a les muntanyes i fer-los desaparèixer de la terra"? Fes-te enrere de la teva indignació, renuncia a fer mal al teu poble. Recorda't d'Abraham, d'Isaac i d'Israel, els teus servents, als quals vas jurar per tu mateix dient: "Multiplicaré la vostra descendència com les estrelles del cel, donaré tot aquest país als vostres descendents i el posseiran per sempre més"».

Llavors el Senyor es va desdir del mal amb què havia amenaçat el seu poble.

Moisès va baixar de la muntanya amb les dues taules de l'aliança a les mans. Estaven escrites per tots dos costats.

Ex 32,1-15

### Paràbola de l'ovella del pobre

El Senyor va enviar Natan a David. Natan va entrar a la seva presència i li digué:

«En una ciutat hi havia dos homes; l'un era ric, i l'altre, pobre. El ric tenia molts ramats d'ovelles i de vaques. El pobre no tenia sinó una ovella petita, que ell mateix havia comprat i havia criat. L'ovella creixia amb ell i amb els seus fills, menjava del seu plat, bevia del seu got i dormia als seus braços. La tenia com una filla. Un dia, el ric va rebre a casa seva un home que anava de pas i, com que li dolia de prendre un cap de bestiar dels seus ramats per servir-lo al foraster, va prendre l'ovella del pobre i la va servir al qui havia arribat a casa seva».

David es va indignar moltíssim contra aquell home i digué a Natan: «Ho juro per la vida del Senyor: l'home que ha fet això mereix la mort! Pagarà l'ovella quatre vegades, perquè no li ha dolgut gens ni mica això que ha fet!».

Llavors Natan va dir a David: «Aquest home ets tu. Això diu el Senyor, Déu d'Israel: "Jo t'he ungit rei d'Israel i t'he alliberat de les mans de Saül. T'he donat tota la família de Saül, el teu senyor, i he posat les seves dones als teus braços. T'he donat Israel i Judà i, per si tot això fos poc, estic disposat a afegir-hi més i més favors. Per què has menyspreat el Senyor cometent allò que l'ofèn? Has fet matar Uries, l'hitita, i has pres per esposa la seva muller. I a ell l'has fet morir amb l'espasa dels ammonites. Per això, ja que tu m'has menys-preat prenent per esposa la muller d'Uries, l'hitita, l'espasa no s'apartarà mai més de casa teva. Això diu el Senyor: Faré que el mal s'aixequi de la teva pròpia família. Davant els teus propis ulls et prendré les dones i les donaré a un dels teus, que jaurà amb elles a plena llum del dia. Tu ho has fet d'amagat, però jo obraré a plena llum, davant de tot Israel"».

David va dir a Natan: «He pecat contra el Senyor». Natan li va respondre: «El Senyor passa per alt el teu pecat. No moriràs».

2Sa 12,1-13

Unitat 3, pàg. 29, act. 1

### Fertilitat i noces

«Jo la seduiré,
la portaré al desert i li parlaré al cor.
Des d'allí li tornaré les vinyes,
i la vall d'Acor
serà una porta d'esperança.
Allà em correspondrà
com quan era jove,
quan pujà del país d'Egipte.
Aquell dia, em dirà "Marit meu",
no em dirà més "Baal meu".
Ho dic jo, el Senyor.
Jo li trauré dels llavis el nom de Baal,
no pronunciaran mai més aquest nom.
Aquell dia, a favor d'ells jo faré una aliança
amb els animals feréstecs,
amb els ocells del cel
i les bestioles de la terra;
trencaré arcs, espases i guerres,
i els trauré del país.
Jo faré que tots ells puguin descansar tranquils.
Et prendré com a esposa per sempre,
et prendré com a esposa
i pagaré per tu bondat i justícia,
amor i misericòrdia.
Et prendré com a esposa
pagant un preu de fidelitat.
Així coneixeràs qui és el Senyor.
Aquell dia —diu el Senyor—
donaré una resposta:
donaré al cel allò que espera,
i el cel ho donarà a la terra.
La terra donarà allò que necessiten
el blat, el vi i l'oli,
i ells donaran el que espera Jizreel.
Jo sembraré Jizreel per tot el país,
em compadiré de la "No compadida",
i al qui s'anomenava "Poble no-meu"
li diré "Ets el meu poble",
i ell em dirà "Ets el meu Déu"».

Os 2,16-25

### Indignació del profeta i retret diví

Jonàs s'ho va prendre molt malament. Tot enfurismat, va pregar així al Senyor:

—Ah, Senyor, és ben bé això el que temia quan encara era al meu país. Per això em vaig afanyar a fugir a Tarsis. Sabia que ets un Déu compassiu i benigne, lent per al càstig i ric en l'amor, i que es desdiu de fer el mal. I ara, t'ho prego, Senyor, pren-me la vida; més em val morir que no pas viure!

El Senyor li va respondre:

—Et sembla bé d'enfurismar-te d'aquesta manera?

Jonàs va sortir de la ciutat en direcció a llevant. Es va fer una cabana i s'estava allí, a l'ombra de la cabana, per veure què passaria a la ciutat.

El Senyor-Déu va fer créixer, per damunt de Jonàs, una carbassera que li fes ombra sobre el cap i li calmés el mal humor. Jonàs se n'alegrà molt. Però l'endemà, a punta de dia, Déu va disposar que un cuc roségués la carbassera, i la planta es va assecar. Després, quan va sortir el sol, Déu envià un vent xardorós de llevant. El sol queia de ple sobre el cap de Jonàs, que defallia i demanava la mort dient: «Més em val morir que no pas viure». Llavors Déu va preguntar a Jonàs:

—Et sembla bé d'enfurismar-te així per una carbassera?

Jonàs va respondre:

—Em sembla molt bé d'enfurismar-me. Més encara: morir, voldria!

El Senyor va dir:

—Aquesta carbassera no t'ha donat cap feina, ni ets tu qui l'ha feta créixer: en una nit ha brotat i en una nit s'ha marcit. I mira com te'n planys! I jo no havia de plànyer Nínive, la gran ciutat, on viuen més de cent vint mil persones que no distingeixen el bé del mal, a més de tant de bestiar?

Jo 4,1-14

### El Senyor és el meu pastor

El Senyor és el meu pastor: no em manca res.
Em fa descansar en prats deliciosos,
em mena al repòs vora l'aigua, i allí em retorna.
Em guia per camins segurs,
per amor del seu nom;
ni que passi per la vall tenebrosa,
no tinc por de cap mal.
Tu, Senyor, ets vora meu:
la teva vara i el teu bastó em donen confiança.

Davant meu pares taula tu mateix
enfront dels enemics;
m'has ungit el cap amb perfums,
omples a vessar la meva copa.
Ben cert, tota la vida m'acompanyen
la teva bondat i el teu amor.

I viuré anys i més anys
a la casa del Senyor.

Sl 23

### La visió dels ossos

La mà del Senyor es va apoderar de mi. Amb la força del seu Esperit em féu sortir fora i em va deixar al mig de la plana, que era plena d'ossos. Em va fer recórrer tot al voltant aquella estesa d'ossos: n'hi havia moltíssims per tota la plana i eren del tot secs. Llavors em preguntà: «Fill d'home, què hi dius: podran reviure, aquests ossos?». Jo li vaig respondre: «Senyor, Déu sobirà, només tu ho saps». Ell em digué: «Profetitza sobre aquests ossos. Digues-los: "Ossos secs, escolteu la paraula del Senyor. Això anuncia el Senyor, Déu sobirà, a aquests ossos: Jo us infondré esperit i recobrareu la vida. Us donaré tendons, faré créixer la carn damunt vostre, us revestiré de pell, us infondré esperit i reviureu. Llavors sabreu que jo sóc el Senyor"».

Jo vaig profetitzar, tal com ell m'havia ordenat, i mentre parlava se sentí una remor: amb molt d'enrenou, els ossos es van ajuntar l'un amb l'altre. Llavors vaig veure que es cobrien amb tendons, els creixia la carn i es revestien de pell pel damunt, però no tenien esperit de vida. El Senyor em digué: «Fill d'home, profetitza, profetitza a l'esperit. Digues-li: "Això et mana el Senyor, Déu sobirà: Vine, esperit, vine dels quatre vents i alena sobre aquests morts perquè recobrin la vida"». Jo vaig profetitzar tal com ell m'havia ordenat, i l'esperit va entrar dins d'ells, recobraren la vida i es posaren drets. Formaven una multitud molt i molt gran.

Llavors ell em digué: «Aquests ossos, fill d'home, són tot el poble d'Israel. Ells van dient: "Els nostres ossos ja són secs, hem perdut l'esperança; per a nosaltres, tot s'ha acabat". Doncs bé, profetitza i digues-los de part meva: "Això us anuncia el Senyor, Déu sobirà: Mireu, jo obriré els vostres sepulcres, us en faré sortir i us faré tornar a la terra d'Israel. Llavors, poble meu, quan obriré els vostres sepulcres i us en faré sortir, sabreu que jo sóc el Senyor. Posaré el meu esperit dins vostre, recobrareu la vida, i us establiré a la vostra terra. Llavors sabreu que jo, el Senyor, ho he anunciat i ho he complert. Ho dic jo, el Senyor"».

Ez 37,1-14

### Pregària d'Ester

També la reina Ester, davant aquest perill de mort, va acudir al Senyor. Es va treure els seus vestits esplèndids i se'n va posar uns de dol i de pena.

## TEXTOS BÍBLICS

En comptes de perfums exquisits, es cobrí el cap de cendra i d'immundícies. Va castigar la bellesa del seu cos i cobrí amb la cabellera embullada la part més esplèndida de la seva figura. I pregava al Senyor, Déu d'Israel, dient:

«Senyor meu, rei nostre, tu ets l'únic Déu. Ajuda'm, que estic sola. Ningú no em pot ajudar fora de tu, ara que haig d'arriscar la vida. Des de petita, jo sentia contar en la tribu dels meus pares que tu, Senyor, havies escollit Israel d'entre totes les nacions, els nostres pares d'entre tots els seus avantpassats, per fer-ne per sempre la teva heretat, i que vas complir tot el que els havies promès. És veritat que hem pecat contra tu donant glòria als déus dels nostres enemics; per això ens has abandonat a les seves mans. Ets just, Senyor! Però ara ells no s'acontenten amb la nostra servitud amarga: s'han compromès amb els seus ídols a anul·lar els teus decrets i a destruir el poble que és la teva heretat. Volen fer callar la veu dels qui et lloen i apagar la glòria del teu temple i del teu altar. Pretenen que les nacions proclamin les gestes dels seus ídols vans i admirin eternament un rei mortal. Senyor, no cedeixis el teu ceptre reial a uns déus que no ho són pas. Que no puguin fer escarni de la nostra destrucció. Gira contra ells els seus plans, escarmenta l'home que va al davant de l'atac que sofrim. Recorda't de nosaltres, Senyor; fes-te present en aquest moment de perill, i a mi dóna'm coratge, Rei dels déus i Senyor de tots els qui governen. Posa en els meus llavis les paraules adients quan seré davant el lleó. Canvia les seves intencions i gira el seu odi contra l'home que ens combat, perquè tingui una mala fi juntament amb els seus partidaris. A nosaltres allibera'ns amb el teu poder, i a mi ajuda'm, que estic sola. Només et tinc a tu, Senyor. Tu coneixes totes les coses».

Estgr C,12-25

### Desil·lusió per la monarquia

Israel era un cep fecund
que donava molt de fruit.
Com més abundaven els seus raïms,
més altars es construïa;
com més fèrtil era el país,
més pilars sagrats aixecava.
Tenen el cor esmunyedís
i ara ho pagaran:
el Senyor derrocarà els seus altars
i els arrasarà els pilars sagrats.
Ara diran: «No tenim rei
perquè no hem reverenciat el Senyor.
I, a més, un rei, de què ens serviria?».
Parlen només per parlar
i juren en fals quan pacten aliances.
El dret creix, com planta verinosa,
en els solcs del meu camp.

Os 10,1-4

### Retrets i angoixes

«Quan Israel era un noi me'l vaig estimar,
d'Egipte vaig cridar el meu fill.
Però ell és d'aquells que, com més els crides,
més se te'n van:
oferien sacrificis als Baals,
cremaven ofrenes als ídols.
Jo mateix vaig ensenyar Efraïm a caminar
agafant-lo pels braços,
però ells no han reconegut
que jo els he guarit.
Jo els atreia cap a mi
amb llaços d'afecte i amor.
Feia com qui aixeca un jou del coll
i deixa lliure la boca,
m'acostava cap a ell
i li donava menjar».

Os 11,1-4

### Lamentació de Sió

Sió deia: «El Senyor m'ha abandonat,
el meu Déu s'ha oblidat de mi».
El Senyor li respon:
«Pot oblidar-se una mare del seu infantó,
pot deixar d'estimar
el fill de les seves entranyes?
Però, ni que alguna l'oblidés,
jo mai no t'oblidaria.
Et duc gravada a les palmes de les mans,
tinc sempre presents els teus murs».

Is 49,14-16

Unitat 3, pàg. 31, act. 4

### El Senyor és el pastor

Això us anuncia el Senyor, Déu sobirà: «Jo mateix buscaré les meves ovelles i en faré el recompte. Les comptaré com el pastor recompta el seu ramat un dia de núvols i foscor quan retroba les ovelles dispersades; jo les recolliré de tots els indrets on s'havien dispersat. Les faré sortir d'entre els pobles, les aplegaré de tots els països, les faré venir a la seva terra i les pasturaré a les muntanyes d'Israel, en els seus barrancs i en tots els llocs habitats del país. Les conduiré als bons pasturatges i tindran la pleta a les muntanyes més altes d'Israel; allà, en aquelles muntanyes, reposaran en una bona cleda i trobaran un pasturatge abundant. Jo mateix pasturaré les meves ovelles i jo mateix les duré a reposar. Ho dic jo, el Senyor, Déu sobirà. Buscaré l'ovella perduda, recolliré l'esgarriada, embenaré la que s'havia trencat la pota i restabliré la malalta, però apartaré l'ovella massa forta i massa grassa. Pasturaré amb justícia el meu ramat».

Ez 34,11-16

Unitat 3, pàg. 31, act. 5

### Quart càntic del Servent del Senyor

El meu servent triomfarà,
serà enlairat, enaltit, posat molt amunt.
Així com tots s'horroritzaven de veure'l
—ja que, de tan desfigurat,
ni tan sols semblava un home
i no tenia res d'humana la seva presència—,
així també ell purificarà tots els pobles.
Els reis no sabran què dir,
quan veuran allò que mai no s'havia contat
i comprendran allò que mai no havien sentit.
Qui pot creure allò que hem sentit?
A qui s'ha revelat la potència
del braç del Senyor?
El servent ha crescut davant d'ell com un rebrot,
com una soca que reviu en terra eixuta.
No tenia figura ni bellesa que es fes admirar,
ni una presència que el fes atractiu.
Era menyspreat, rebuig entre els homes,
home fet al dolor i acostumat a la malaltia.
Semblant a aquells que ens repugna de mirar,
el menyspreàvem i el teníem per no res.
De fet, ell portava les nostres malalties
i havia pres damunt seu els nostres dolors.
Nosaltres el teníem per un home castigat
que Déu assota i humilia.
Però ell era malferit per les nostres faltes,
triturat per les nostres culpes:
rebia la correcció que ens salva,
les seves ferides ens curaven.
Tots anàvem com ovelles disperses,
cadascú seguia el seu camí;
però el Senyor ha carregat damunt d'ell
les culpes de tots nosaltres.
Quan era maltractat,
s'humiliava i no obria la boca.
Com els anyells portats a matar
o les ovelles mentre les esquilen,
ell callava i ni tan sols obria la boca.
L'han empresonat i condemnat, se l'han endut.
I qui es preocupa de la seva sort?
L'han arrencat de la terra dels vivents,
l'han ferit de mort per les infidelitats del meu poble.
L'han sepultat amb els malfactors,
l'han enterrat entre els opulents,
a ell que no obrava amb violència
ni tenia mai als llavis la perfídia.
El Senyor s'ha complagut
en el qui ell havia triturat i afligit.
Quan haurà ofert la vida en sacrifici
per expiar les culpes,
veurà una descendència, viurà llargament:
per ell el designi del Senyor arribarà a bon terme.
«El meu servent, després del que ha sofert
la seva ànima, veurà la llum i se'n saciarà;
ell, que és just, farà justos tots els altres,
perquè ha pres damunt seu les culpes d'ells.
Per això els hi dono tots en possessió,
i tindrà per botí una multitud,
perquè s'ha despullat de la pròpia vida fins a la mort
i ha estat comptat entre els malfactors.
Ell ha portat damunt seu els pecats de tots
i ha intercedit per les seves infidelitats».

Is 52,13-53,12

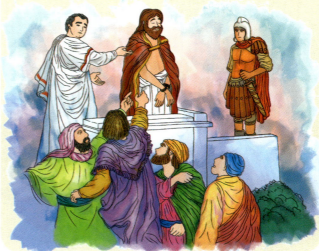

**TEXTOS BÍBLICS**

## TEXTOS BÍBLICS

Quan era maltractat,
s'humiliava i no obria la boca.
Com els anyells portats a matar
o les ovelles mentre les esquilen,
ell callava i ni tan sols obria la boca.

Is 53,7

Per això els hi dono tots en possessió,
i tindrà per botí una multitud,
perquè s'ha despullat de la pròpia vida
fins a la mort
i ha estat comptat entre els malfactors.
Ell ha portat damunt seu els pecats de tots
i ha intercedit per les seves infidelitats.

Is 53,12

De fet, ell portava les nostres malalties
i havia pres damunt seu els nostres dolors.
Nosaltres el teníem per un home castigat
que Déu assota i humilia.

Is 53,4

Al vespre li van portar molts endimoniats. Jesús va treure els esperits malignes només amb la seva paraula, i va curar tots els malalts. Així es va complir allò que havia anunciat el profeta Isaïes: «Ell va portar les nostres febleses i prengué damunt seu les nostres malalties».

Mt 8,16-17

L'endemà, Joan veié que Jesús venia cap a ell, i exclamà: «Mireu l'anyell de Déu, el qui treu el pecat del món!».

Jn 1,29

«Perquè us asseguro que s'ha de complir en mi allò que està escrit: "Ha estat comptat entre els malfactors". Tot el que es refereix a mi s'està complint».

Lc 22,37

Unitat 4, pàg. 39, act. 2

### Confessió de fe de Pere

Jesús, amb els seus deixebles, se'n va anar als pobles del voltant de Cesarea de Filip, i pel camí els preguntava: «Qui diu la gent que sóc jo?». Ells li respongueren: «Uns diuen que ets Joan Baptista; d'altres, Elies; d'altres, algun dels profetes». Llavors els preguntà: «I vosaltres, qui dieu que sóc?». Pere li respon: «Tu ets el Messies». Però ell els prohibí severament que ho diguessin a ningú.

Llavors començà a instruir-los dient: «Cal que el Fill de l'home pateixi molt. Els notables, els grans sacerdots i els mestres de la Llei l'han de rebutjar, ha de ser mort, i al cap de tres dies ha de ressuscitar». I els ho deia amb tota claredat. Aleshores Pere, prenent-lo a part, es posà a renyar-lo. Però Jesús es girà i, davant els deixebles, renyà Pere dient-li: «Vés-te'n d'aquí, Satanàs! No veus les coses com Déu, sinó com els homes». Llavors va cridar la gent i els seus deixebles i els digué: «Si algú vol venir amb mi, que es negui a ell mateix, que prengui la seva creu i que em segueixi. Qui vulgui salvar la seva vida, la perdrà, però el qui la perdi per mi i per l'evangeli, la salvarà».

Mc 8,27-35

Unitat 4, pàg. 40, act. 3

### El judici de les nacions

«Quan el Fill de l'home vindrà ple de glòria, acompanyat de tots els àngels, s'asseurà en el seu tron gloriós. Tots els pobles es reuniran davant seu, i ell destriarà la gent els uns dels altres, com un pastor separa les ovelles de les cabres, i posarà les ovelles a la seva dreta i les cabres a la seva esquerra. Aleshores el rei dirà als de la seva dreta: "Veniu, beneïts del meu Pare, rebeu en herència el Regne que ell us tenia preparat des de la creació del món. Perquè tenia fam, i em donàreu menjar; tenia set, i em donàreu beure; era foraster, i em vau acollir; anava despullat, i em vau vestir; estava malalt, i em vau visitar; era a la presó, i vinguéreu a veure'm". Llavors els justos li respondran: "Senyor, quan et vam veure afamat, i et donàrem menjar; o que tenies set, i et donàrem beure? Quan et vam veure foraster, i et vam acollir; o que anaves despullat, i et vam vestir? Quan et vam veure malalt o a la presó, i vinguérem a veure't?". El rei els respondrà: "Us ho asseguro: tot allò que fèieu a un d'aquests germans meus més petits, a mi m'ho fèieu". Després dirà als de la seva esquerra: "Aparteu-vos de mi, maleïts, aneu al foc etern, preparat per al diable i els seus àngels. Perquè tenia fam, i no em donàreu menjar; tenia set, i no em donàreu beure; era foraster, i no em vau acollir; anava despullat, i no em vau vestir; estava malalt o a la presó, i no em vau visitar". Llavors ells li respondran: "Senyor, quan et vam veure afamat o assedegat, foraster o despullat, malalt o a la presó, i no et vam assistir?". Ell els contestarà: "Us ho asseguro: tot allò que deixàveu de fer a un d'aquests més petits, m'ho negàveu a mi". I aquests aniran al càstig etern, mentre que els justos aniran a la vida eterna».

Mt 25,31-46

Unitat 4, pàg. 41, act. 7

### La crida de Jesús en els Evangelis

Jesús, veient que hi havia una gentada al seu voltant, va donar l'ordre de passar a l'altra riba. Llavors s'acostà un mestre de la Llei i li digué: «Mestre, et seguiré arreu on vagis».

Jesús li respon: «Les guineus tenen caus, i els ocells, nius, però el Fill de l'home no té on reposar el cap». Un altre, un dels seus deixebles, li digué: «Senyor, deixa'm anar primer a enterrar el meu pare». Jesús li respon: «Segueix-me, i deixa que els morts enterrin els seus morts».

Mt 8,18-22

Mentre feien camí, un li digué: «Et seguiré arreu on vagis». Jesús li respongué: «Les guineus tenen caus, i els ocells, nius, però el Fill de l'home no té on reposar el cap». A un altre li digué: «Segueix-me». Ell respongué: «Senyor, deixa'm anar primer a enterrar el meu pare». Jesús li contestà: «Deixa que els morts enterrin els seus morts; tu vés i anuncia el Regne de Déu». Un altre li digué: «Et seguiré, Senyor, però primer deixa'm anar a dir adéu als de casa meva». Jesús li va respondre: «Ningú que mira enrere quan ja té la mà a l'arada no és bo per al Regne de Déu».

Lc 9,57-62

Tot passant vora el llac de Galilea, veié Simó i el seu germà Andreu, que tiraven les xarxes a l'aigua. Eren pescadors. Jesús els digué: «Veniu amb mi i us faré pescadors d'homes». Immediatament deixaren les xarxes i el van seguir. Una mica més enllà veié Jaume, fill de Zebedeu, i el seu germà Joan, que eren a la barca repassant les xarxes, i tot seguit els va cridar. Ells deixaren el seu pare Zebe-

deu amb els jornalers a la barca i se n'anaren amb Jesús.

Mc 1,16-20

Jesús tornà a sortir cap a la vora del llac. Tothom venia a trobar-lo i ell els ensenyava. Tot passant, veié Leví, fill d'Alfeu, assegut al lloc de recaptació d'impostos, i li digué: «Segueix-me». Ell s'aixecà i el va seguir. Després es posà a taula a casa d'ell, i molts publicans i altres pecadors es posaren també a taula amb Jesús i els seus deixebles; eren molts els qui el seguien. Llavors, quan els mestres de la Llei del grup dels fariseus veieren que Jesús menjava amb els pecadors i els publicans, digueren als deixebles: «Com és que menja amb els publicans i els pecadors?». Jesús ho va sentir i els digué: «El metge, no el necessiten els qui estan bons, sinó els qui estan malalts. No he vingut a cridar els justos, sinó els pecadors».

Mc 2,13-17

Quan es posava en camí, un home s'acostà corrent, s'agenollà davant de Jesús i li preguntà: «Mestre bo, què haig de fer per a posseir la vida eterna?». Jesús li digué: «Per què em dius bo? De bo, només n'hi ha un, que és Déu. Ja saps els manaments: No matis, no cometis adulteri, no robis, no acusis ningú falsament, no facis cap frau, honra el pare i la mare». Ell li va dir: «Mestre, tot això ho he complert des de jove». Jesús se'l mirà i el va estimar. Li digué: «Només et falta una cosa: vés, ven tot el que tens i dóna-ho als pobres, i tindràs un tresor al cel. Després vine i segueix-me». En sentir aquestes paraules, aquell home va quedar abatut i se n'anà tot trist, perquè tenia molts béns.

Mc 10,17-22

L'endemà, Joan tornava a ser en el mateix lloc amb dos dels seus deixebles i, fixant la mirada en Jesús que passava, va exclamar: «Mireu l'anyell de Déu!». Quan aquells dos deixebles el sentiren parlar així, van seguir Jesús. Jesús es girà i, en veure que el seguien, els preguntà: «Què busqueu?». Ells li digueren: «Rabí —que vol dir 'mestre'—, on t'estàs?». Els respon: «Veniu i ho veureu». Ells hi anaren, veieren on s'estava i es quedaren amb ell aquell dia. Eren cap a les quatre de la tarda.

Un dels dos que havien sentit el que deia Joan i havien seguit Jesús era Andreu, el germà de Simó Pere.

TEXTOS BÍBLICS

## TEXTOS BÍBLICS

Andreu anà primer a trobar el seu germà Simó i li digué: «Hem trobat el Messies —que vol dir 'ungit'». I el va portar on era Jesús. Jesús, fixant en ell la mirada, li digué: «Tu ets Simó, fill de Joan. Tu et diràs Cefes —que vol dir 'pedra'».

Jn 1,35-42

L'endemà, Jesús resolgué de sortir cap a Galilea. Troba Felip i li diu: «Segueix-me». Llavors Felip, que era de Betsaida, el poble d'Andreu i de Pere, va trobar Natanael i li digué: «Hem trobat aquell de qui van escriure Moisès, en els llibres de la Llei, i també els profetes: és Jesús, fill de Josep, de Natzaret». Natanael li replicà: «De Natzaret en pot sortir res de bo?».

Felip li diu: «Vine i ho veuràs». Quan Jesús veié Natanael que venia cap a ell, digué: «Mireu un autèntic israelita, un home que no enganya». Li diu Natanael: «D'on em coneixes?». Jesús li respon: «Abans que Felip et cridés, t'he vist sota la figuera». Li diu Natanael: «Rabí, tu ets el Fill de Déu, tu ets el Rei d'Israel». Jesús li digué: «Creus només perquè t'he dit que t'havia vist sota la figuera? Coses més grans veuràs!». I afegí: «Us ho ben asseguro: veureu obert el cel, i els àngels de Déu pujant i baixant sobre el Fill de l'home».

Jn 1,43-51

Unitat 5, pàg. 47, act. 1

### Elecció dels Dotze

Jesús va cridar els seus dotze deixebles i els donà poder de treure els esperits malignes i de guarir malalties i xacres de tota mena. Els noms dels dotze apòstols són aquests: primer, Simó, anomenat Pere, i Andreu, el seu germà; Jaume, fill de Zebedeu, i Joan, el seu germà; Felip i Bartomeu; Tomàs i Mateu, el publicà; Jaume, fill d'Alfeu, i Tadeu; Simó el Zelós i Judes l'Iscariot, el qui el va trair.

Mt 10,1-4

Jesús pujà a la muntanya, va cridar els qui va voler, i ells anaren cap a Jesús. En designà dotze, als quals donà el nom d'apòstols, perquè estiguessin amb ell i per enviar-los a predicar, amb poder de treure dimonis. Els dotze que va designar són aquests: Simó, a qui donà el nom de Pere; Jaume, fill de Zebedeu, i Joan, germà de Jaume, als quals donà el nom de Boanerges, que vol dir 'fills del tro'; Andreu, Felip, Bartomeu, Mateu, Tomàs, Jaume, fill d'Alfeu, Tadeu, Simó el Zelós i Judes Iscariot, el qui el va trair.

Mc 3,13-19

Per aquells dies, Jesús se n'anà a la muntanya a pregar, i va passar tota la nit pregant a Déu. Quan va ser de dia, va cridar els seus deixebles, n'escollí dotze i els donà el nom d'apòstols: Simó, que anomenà també Pere, Andreu —el seu germà—, Jaume, Joan, Felip, Bartomeu, Mateu, Tomàs, Jaume, fill d'Alfeu, Simó, anomenat Zelós, Judes, fill de Jaume, i Judes Iscariot, que va ser el traïdor.

Lc 6,12-16

L'endemà, Joan tornava a ser en el mateix lloc amb dos dels seus deixebles i, fixant la mirada en Jesús que passava, va exclamar: «Mireu l'anyell de Déu!». Quan aquells dos deixebles el sentiren parlar així, van seguir Jesús. Jesús es girà i, en veure que el seguien, els preguntà: «Què busqueu?». Ells li digueren: «Rabí —que vol dir 'mestre'—, on t'estàs?». Els respon: «Veniu i ho veureu». Ells hi anaren, veieren on s'estava i es quedaren amb ell aquell dia. Eren cap a les quatre de la tarda.

Un dels dos que havien sentit el que deia Joan i havien seguit Jesús era Andreu, el germà de Simó Pere. Andreu anà primer a trobar el seu germà Simó i li digué: «Hem trobat el Messies —que vol dir 'ungit'». I el va portar on era Jesús. Jesús, fixant en ell la mirada, li digué: «Tu ets Simó, fill de Joan. Tu et diràs Cefes —que vol dir 'pedra'».

L'endemà, Jesús resolgué de sortir cap a Galilea. Troba Felip i li diu: «Segueix-me». Llavors Felip, que era de Betsaida, el poble d'Andreu i de Pere, va trobar Natanael i li digué: «Hem trobat aquell de qui van escriure Moisès, en els llibres de la Llei, i també els profetes: és Jesús, fill

de Josep, de Natzaret». Natanael li replicà: «De Natzaret en pot sortir res de bo?». Felip li diu: «Vine i ho veuràs». Quan Jesús veié Natanael que venia cap a ell, digué: «Mireu un autèntic israelita, un home que no enganya». Li diu Natanael: «D'on em coneixes?». Jesús li respon: «Abans que Felip et cridés, t'he vist sota la figuera». Li diu Natanael: «Rabí, tu ets el Fill de Déu, tu ets el Rei d'Israel». Jesús li digué: «Creus només perquè t'he dit que t'havia vist sota la figuera? Coses més grans veuràs!». I afegí: «Us ho ben asseguro: veureu obert el cel, i els àngels de Déu pujant i baixant sobre el Fill de l'home».

Jn 1,35-51

Unitat 5, pàg. 47, act. 2

### Paràbola dels talents

«Un home que havia de fer un llarg viatge va cridar els seus servents i els va confiar els seus béns. A un li donà cinc talents; a l'altre, dos, i a l'altre, un —a cada un segons la seva capacitat—, i després se'n va anar. Immediatament, el qui havia rebut cinc talents els va fer treballar i va guanyar-ne cinc més. Igualment, el qui n'havia rebut dos en va guanyar dos més. Però el qui n'havia rebut un se'n va anar a fer un clot a terra i va amagar-hi els diners del seu amo. Al cap de molt de temps arriba l'amo d'aquells servents i es posa a passar comptes amb ells. Es presentà el qui havia rebut cinc talents i en dugué cinc més, tot dient: "Senyor, em vas confiar cinc talents; mira: n'he guanyat cinc més". L'amo li va dir: "Molt bé, servent bo i fidel! Has estat fidel en poca cosa; jo t'encomanaré molt més. Entra al goig del teu Senyor". Es presentà també el qui havia rebut dos talents i digué: "Senyor, em vas confiar dos talents; mira: n'he guanyat dos més". L'amo li va dir: "Molt bé, servent bo i fidel! Has estat fidel en poca cosa; jo t'encomanaré molt més. Entra al goig del teu Senyor". Es presentà encara el qui havia rebut un talent i digué: "Senyor, sabia que ets un home dur, que segues on no has sembrat i reculls on no has escampat. Vaig tenir por i vaig amagar a terra el teu talent. Aquí tens el que és teu". Però l'amo li va respondre: "Servent dolent i gandul! Sabies que sego on no he sembrat i recullo on no he escampat. Per això calia que posessis els meus diners al banc, i ara que he tornat hauria recobrat el que és meu amb els interessos. Preneu-li el talent i doneu-lo al qui en té deu. Perquè a tot aquell qui té, li donaran encara més, i en tindrà a vessar; però al qui no té, li prendran fins allò que li queda. I a aquest servent inútil llanceu-lo fora, a la tenebra; allà hi haurà els plors i el cruixit de dents"».

Mt 25,14-30

Unitat 5, pàg. 49, act. 5

### Missió dels setanta-dos deixebles

Després d'això, el Senyor en designà uns altres setanta-dos i els envià de dos en dos perquè anessin davant seu a cada poble i a cada lloc per on ell mateix havia de passar. Els deia: «La collita és abundant, però els segadors són pocs. Pregueu, doncs, a l'amo dels sembrats que hi enviï més segadors. Aneu: jo us envio com anyells enmig de llops. No porteu bossa, ni sarró, ni sandàlies, i no us atureu a saludar ningú pel camí. Quan entreu en una casa, digueu primer: "Pau en aquesta casa". Si allí hi ha algú que n'és digne, la pau que li desitgeu reposarà damunt d'ell; si no, tornarà a vosaltres. Quedeu-vos en aquella casa, menjant i bevent el que tinguin: el qui treballa, bé es mereix el seu jornal. No aneu de casa en casa. Si entreu en una població i us acullen, mengeu el que us ofereixin, cureu els malalts que hi hagi i digueu a la gent: "El Regne de Déu és a prop vostre". Però si entreu en una població i no us acullen, sortiu a les places i digueu: "Fins i tot la pols del vostre poble que se'ns ha encastat als peus, ens l'espolsem i us la deixem. Però sapigueu això: el Regne de Déu és a prop!"».

Lc 10,1-11

Unitat 5, pàg. 49, act. 7

## TEXTOS BÍBLICS

### Les denúncies i les propostes de Jesús

«Ai de vosaltres, mestres de la Llei i fariseus hipòcrites, que purifiqueu per fora copes i plats mentre per dins els teniu plens de rapacitat i cobdícia! Fariseu cec, purifica primer la copa per dintre, i així també el defora serà pur. Ai de vosaltres, mestres de la Llei i fariseus hipòcrites, que sou com sepulcres emblanquinats: de fora semblen bonics, però per dintre són plens d'ossos i de tota mena d'impuresa! Igualment vosaltres, de fora sembleu homes justos, però per dintre sou plens d'hipocresia i de maldat».

Mt 23,25-28

Llavors Jesús alçà la vista i veié gent rica que tirava les seves ofrenes a la sala del tresor. Va veure també una viuda molt pobra que hi tirava dues petites monedes de coure, i digué: «Us asseguro amb tota veritat que aquesta viuda pobra ha tirat més que tots els altres. Tots aquests han donat el que els sobrava; ella, en canvi, ha donat el que necessitava, tot el que tenia per a viure».

Lc 21,1-4

Aleshores Pere preguntà a Jesús: «Senyor, quantes vegades hauré de perdonar al meu germà les ofenses que em faci? Set vegades?». Jesús li respon: «No et dic set vegades, sinó setanta vegades set».

Mt 18,21-22

Jesús, tot passant, veié un home que era cec de naixement. Els seus deixebles li van preguntar: «Rabí, qui va pecar perquè nasqués cec: ell o els seus pares?». Jesús respongué: «No ha estat per cap pecat, ni d'ell ni dels seus pares, sinó perquè es manifestin en ell les obres de Déu. Mentre és de dia, nosaltres hem de fer les obres del qui m'ha enviat: però ara s'acosta la nit, quan ningú no pot treballar. Mentre sóc al món, sóc la llum del món».

Dit això, escopí a terra, va fer fang amb la saliva, el va estendre sobre els ulls del cec i li digué: «Vés a rentar-te a la piscina de Siloè —que vol dir 'enviat'». Ell hi va anar, s'hi rentà i tornà veient-hi.

Jn 9,1-7

Unitat 6, pàg. 56, act. 5

### Primera multiplicació dels pans

Els apòstols es reuniren amb Jesús i li van explicar tot el que havien fet i ensenyat. Ell els diu: «Veniu ara vosaltres sols en un lloc despoblat i reposeu una mica». Perquè hi havia tanta gent que anava i venia, que no els quedava temps ni de menjar. Se n'anaren, doncs, amb la barca tots sols cap a un lloc despoblat. Però els veieren marxar i molts ho van saber; de totes les poblacions van córrer a peu fins allà i van arribar-hi abans que ells. Quan Jesús desembarcà, veié una gran gentada i se'n compadí, perquè eren com ovelles sense pastor; i es posà a instruir-los llargament.

Quan ja s'havia fet tard, els deixebles s'acostaren a dir-li: «Aquest lloc és despoblat i ja s'ha fet tard. Acomiada la gent, i que vagin a les cases i als pobles del voltant a comprar alguna cosa per a menjar». Però Jesús els respongué: «Doneu-los menjar vosaltres mateixos».

Ells li diuen: «Per a donar-los menjar hauríem de comprar pa per valor de dos-cents denaris!». Jesús els pregunta: «Quants pans teniu? Aneu a veure-ho». Ells ho miren i li diuen: «Cinc pans i dos peixos». Llavors Jesús els va manar que fessin seure tothom en colles a l'herba verda. La gent s'assegué en grups de cent i de cinquanta. Jesús prengué els cinc pans i els dos peixos, alçà els ulls al cel, digué la benedicció, partí els pans i en donava als seus deixebles perquè els servissin a la gent. També va repartir els dos peixos a tothom. Tots en van menjar i quedaren saciats. Després van recollir els bocins de pa que havien sobrat i n'ompliren dotze cistelles, i també van recollir les sobres dels peixos. D'aquells pans, n'havien menjat cinc mil homes.

Mc 6,30-44

Unitat 6, pàg. 60

110

## Pregàries a Maria

A continuació es transcriuen les tres pregàries marianes que s'esmenten en l'apartat «Maria és…» de diverses unitats del llibre. Com que es tracta de traduccions del llatí, en alguns casos s'han documentat lleugeres variants en les versions. S'han triat les més comunes i s'han copiat de fonts eclesiàstiques oficials.

### Avemaria

Déu vos salve, Maria,
plena de gràcia;
el Senyor és amb vós.
Beneïda sou vós
entre totes les dones,
i beneït és el fruit
del vostre ventre, Jesús.

Santa Maria, Mare de Déu,
pregueu per nosaltres, pecadors,
ara i en l'hora
de la nostra mort. Amén.

Unitat 2, pàg. 24

### Reina del Cel

Reina del Cel, alegreu-vos, al·leluia.
perquè aquell
que meresquéreu portar, al·leluia,
ha ressuscitat, tal com digué, al·leluia.
Pregueu a Déu per nosaltres, al·leluia,
alegreu-vos, Verge Maria, al·leluia,
realment el Senyor
ha ressuscitat, al·leluia.

Unitat 7, pàg. 70

### Salve

Déu vos salve, Reina i Mare de Misericòrdia,
vida, dolcesa i esperança nostra.
Déu vos salve.
A vós cridem els desterrats fills d'Eva;
a vós sospirem, gemint i plorant
en aquesta vall de llàgrimes.
Ara, doncs, advocada nostra,
eixos ulls vostres, tan misericordiosos,
gireu-los envers nosaltres;
i, després d'aquest exili,
mostreu-nos Jesús,
fruit beneït del vostre sant ventre.
Oh clementíssima, oh pietosa,
oh dolça sempre Verge Maria!

Pregueu per nosaltres, santa Mare de Déu,
perquè siguem dignes de les promeses
de Nostre Senyor Jesucrist. Amén.

Unitat 5, pàg. 50